汉字的文化解读

王立军等 著

创于1897 商務印書館 The Commercial Press

图书在版编目(CIP)数据

汉字的文化解读/王立军等著.—北京:商务印书馆,2012(2025.7 重印)
ISBN 978-7-100-09056-8

Ⅰ.①汉… Ⅱ.①王… Ⅲ.①汉字—文化—研究
Ⅳ.①H12

中国版本图书馆 CIP 数据核字(2012)第 072277 号

汉字的文化解读

王立军等 著

商务印书馆出版
(北京王府井大街 36 号 邮政编码 100710)
商务印书馆发行
北京市艺辉印刷有限公司印刷
ISBN 978-7-100-09056-8

2012 年 10 月第 1 版　　开本 850×1168 1/32
2025 年 7 月北京第 7 次印刷　　印张 7¾

定价:48.00 元

目　录

汉字文化解读的科学方法（代序）

王立军

汉字是表意体系的文字，汉字和社会文化之间存在着十分密切的关系，从文化的角度对汉字进行阐释，既有助于汉字学研究的进一步深入，也为文化学的研究提供了新视角，的确是一件双赢的工作。但是，汉字的文化阐释是一项非常专门化的工作，需要有足够的专业知识，需要全面了解汉字构形的基本规律，广泛涉猎与汉字构形有关的文化知识，需要坚持实事求是的态度，采用科学可靠的方法。只有这样，汉字的文化阐释工作才能真正在汉字学和文化学研究领域发挥积极的作用。然而，有人却把这项复杂的工作简单化、庸俗化，他们从实用主义的目的出发，对汉字字形随意猜测，妄加考证，抹杀了汉字构形的基本规律，随意将汉字构形与某种社会文化现象相比附，任意夸大汉字的文化功能，给汉字的文化阐释工作带来了不良影响。

汉字与文化之间虽然存在着互证关系，但这种互证关系并不是完全对等的。从总体上来讲，文化对汉字的证明功能要大于汉字对文化的证明功能，因为汉字毕竟是一种记录语言的符号，而且是历史积淀的产物，尽管它与文化之间存在着密切的关系，但它并不具备细致描写文化的功能，也不具备最终确认文化的功能。这就要求我们在对汉字进行文化阐释时，一定要对汉字文化功能的有限性有着清醒的认识，准确把握汉字文化功能的量度，而不能随意加以夸大。这正如王宁先生在《〈说文解字〉与中国古代文化》一书的《前言》中所说："汉字中所贮存的文化信息，只能从每个字的构形——一个小小的方寸之地，简化了的线条、笔画，以及字与字的关系中得到，所以是有限的，如果夸大它，从自己的主观臆测出发，弄出许多玄之又玄，广之又广的新鲜事来，其实是难以说服人的。"

然而，在目前的汉字文化阐释工作中，任意夸大汉字文化功能的例子确实不少。一些学者不能正确摆放汉字的位置，不是把汉字看作记录汉语的工具，而是把它当成了考证和确认文化的灵丹妙药，试图通过汉字构形去构建整个中国古代文化史，似乎中华民族文化的所有方面都可以在汉字当中找到根据，甚至把汉字描述为记录文化的"怪异的密码"，这无疑是对汉字文化功能的过分夸张。

对汉字进行文化阐释时发生的偏误，很多时候是由于对汉字字形的演变缺乏了解而导致的。汉字经历几千年的演变之后，字形和文化的关系变得越来越疏远，不少人直接拿后代的字形作为分析的依据，必然会得出错误的结论。早在汉代，就曾出现不少按照隶书字形说解文字的错误现象，例如由于隶书"长"

和“马”的字形上部相似，当时人就把“长”字解释为“马头人”。而实际上，在早期汉字中，“长”像长头发的人，与“马”的字形没有任何关系。其他如“人持十为斗”“虫者屈中也”等也都属于此类。对于这些缺乏历史发展观念的奇谈怪论，许慎在《说文解字》（后简称《说文》）中进行了有力的批评。但由于许慎没有看到过甲骨文，他在根据小篆字形说解文字时，也经常犯臆测的错误。如他将小篆的“为”（ ）字解释为“母猴也”，说“其为禽也好爪。爪，母猴象也。下腹为母猴形”。其实，甲骨文的“为”字（ ）是以手牵象之形，正反映了古代以象为劳动工具的社会事实。像许慎这样的文字学大家，以理据保存较多的小篆为分析对象，尚且会犯这样的错误，我们在对待现代楷书字形时，就更应该慎之又慎了。

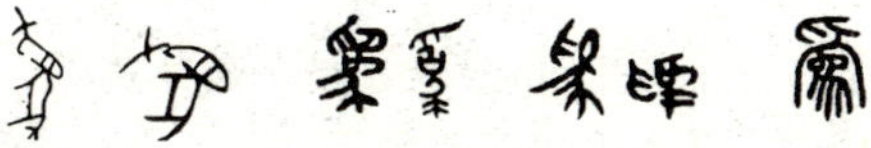

图1．古文字中的“为（爲）”

宋代王安石的《字说》也是随意解字的典型代表。他认为，字的声音、形体都有意义，都合乎自然万物之理。在这种思想的指导下，他说解文字时一概拿偏旁的意义去拼合整字的意义，遇到迂曲难解之处，不惜拐弯抹角，凭空臆测。如认为“诗”为“寺人之言”，“猫”能“去苗之害，故字从苗”，

“狼”是“兽之有才智者，故从良”，如此等等。明代王世贞编的《调谑编》曾记录两则笑话：宋代大文豪苏轼，号东坡。他经常讽刺王安石的文字说解。有一次，苏轼问王安石“坡”字该如何解释。王安石回答说：“‘坡’者乃‘土’之‘皮’。”苏轼听后暗自发笑，戏言道：“照这样说来，那么‘滑’字乃‘水’之‘骨’喽？”王安石听了，半天默然无语。又有一次，苏轼听说王安石的《字说》刚完成，前去向王安石祝贺，王安石问苏轼：“‘鸠’字从‘九’从‘鸟’，难道也有什么证据吗？”苏轼故意戏弄他说：“《诗经》上说：‘尸鸠在桑，其子七兮’，加上它们的爹和娘，不正好是九只鸟吗！”王安石听了，竟欣然点头认可。时间长了，才知道苏轼又跟他开了个大玩笑。

苏轼的讽刺并没有真正使后人得到警醒，直到今天，仍然有人在宣传着“波”是“水的皮或表面”、“滑”是“似放在水流动表面上的一根骨头”的谬说，实在是枉费了苏轼的良苦用心。今天有些人所推崇的汉字“拼形说”，认为汉字都是由偏旁一次性拼合而成的，每个偏旁（包括声符）都是有意义的，这与王安石的《字说》如出一辙。如他们把“愁”字解释为“古代农民秋天的心境——发愁怎么过冬”。这种说解，如果仅仅作为帮助记忆字形的辅助手段，倒还可以理解，但问题在于他们非要从中推演出“丰富的文化内涵”来，说：“‘秋’和‘心’的组合为何不是表达秋天丰收的喜悦呢？众所周知，在中华大地上至今还有大约数千万的农民没有脱贫，没有达到温饱的水平，可想而知，三千多年前的先人们生活水平不知要比我们今天没有达到温饱水平的贫困户还要贫困多少倍？物质生活以及与之相关的生存的问题必然是他们思考的中心问题，因此，‘秋’和‘心’的组合形成的观念，只能是当时低下的生产力的反映，即只能是对未来冬天的气候的严寒和植物的枯萎的忧虑。”其实，“愁”是个形声字，“秋”是声符，并无表义功能，但上述说解却把“秋”当成了表义部件，从而给“愁”字附会上“浓厚的文化色彩”。

上述例子表明，汉字的文化阐释必须建立在科学的基础上，既不能违背汉字的发展规律，也不能违背文化的发展规律。汉字的文化阐释是科学，不是幻想，更不是个人无根据的联想和猜测。汉字构形确实蕴涵着丰富的文化内涵，在文化研究方面具有极大的参考价值。但要想让汉字的文化功能真正发挥作用，就要求我们在对汉字进行文化阐释时，一定要用正确的理论来指导，用科学的方法去操作，树立正确的汉字文化观念，准确把握汉字文化功能的量度，合理分析汉字构形，尽可能避免主观臆断。

总 论 篇

汉字构形的文化解读

汉字是表意文字，表意文字的最大特点，就是构形和意义联系紧密。在造字之初，汉字的构形往往是它所记录的词义的形象化，人们用近似简笔画的方式把词义生动形象地表现出来，而这些“简笔画”大多以当时的社会生活为背景，通过对某种生活场景的描绘建立起字与词之间的联系。这样，汉字构形便与古代的社会文化产生了极为密切的关系，从而使后人从文化的角度解读汉字的构形成为可能。再加上汉字的悠久历史与其跨时代性的特点，更使它具有了很大的文化考古价值，成了研究历史文化及其变迁的重要依据。而且，汉字自古至今一直顽强地坚持自己独特的表意性，始终没有割断同文化的联系，这使得汉字构形的文化解读对各个历史阶段都有一定的适用性。

中国是一个崇尚文字的历史古国。东汉许慎在《说文·叙》里做出了“文字者，经艺之本，王政之始，前人所以垂后，后人所以识古”的有名论断，把文字的社会作用提到了很高的地位。许慎对“六书”的阐述，更是从理论上对汉字形义关系的清醒认识。现在一般认为，“六书”当中，属于造字方法的有四个，即象形、指事、会意、形声。这四种造字方法所造的汉字，都能体现表意文字形义联系紧密的特点。如：

图1．女⟶妻⟶身⟶孕⟶毓⟶母

这里所举的都是甲骨文字形。第一个字形“女”字是个象形字，有人认为象双臂交叉于身前、十分柔顺地跪坐的女子之形，反映了古代女子柔弱顺从的性格和较低下的社会地位。因为“女”字与表示奴仆的“奴”和表示顺从的“如”，在意义上是相通的。汉代的辞书《释名》解释说：“女，如也，妇人外成如人也。故三从之义，少如父教，嫁如夫命，老如子言。”《白虎通义》对此做了较通俗的解释：“女者，如也，从如人也。在家从父母，既嫁从夫，夫没从子也。”二书都是从“听从”“顺从”的角度解释“女”的。也有人认为“女”的字形只是以古代女子最常见的坐姿来表示女子，并不能反映古代女子的地位低下。因为在远古时期，人们在日常生活中常常采取跪坐的方式，正如字形中的姿势一样，现在有不少地区仍然保留着这种习俗。由于当时男女已经有了明确的分工，男子主要在田里干力气活，而女子则常常坐在家里纺线织布，所以古人造字时，“男”字就由“田”和“力”两个字组成，表示在田里干力气活的就是男子；而“女”字就选取坐在家里纺线的姿势来表示。相比较而言，我们更倾向于第二种说法。第二个字形“妻”字是个会意字，象一只大手去抓一个女子之形，这正是对古代抢妻场景的描绘，这种情景发生在母系社会向父系社会过渡的时期。在母系社会，女子是婚姻的中心，男子要到女方家过婚配生活。后来，随着男子社会地位日益提高，他们迫切需要改变这种状况，建立以男子为中心的婚姻形式。刚开始，女子并不甘心将中心地位拱手相让，没办法，男子只好靠武力抢夺的方式，来达到自己的目的，这样便形成了古代的“抢妻”习俗。由于抢妻不是光明正大的，有时还会遭到女方家族的有力反击，抢妻活动一般都在黄昏时分悄悄进行，所以结婚的“婚”字本来就写作黄昏的“昏”，后来才加上了“女”字旁。第三个字形“身”字是个指事字，是在人的大肚子中加一点，表示怀孕的意思。而第四个字形“孕”字，肚子里面的一点变成了“子”字，说明婴儿已经成形了，由于肚子里面已不再是指事符号，而是象婴儿之形，所以“孕”字也就成了由两个象形部件构成的会意字。第五个字形“毓”字是生育的“育”的古字，由女子、头朝下的小孩和像羊水的点儿组合而成，画的就是女人生小孩的情景，是个典型的会意字。第六个字形“母”字也是个指事字，指事字一般是在象形字的基础上增添指事符号而成，“母”字就是在象形字“女”的基础上，增添了表示乳房的两个点。“母”字的构形之所以突出两乳，是因为“母”字所表示的母亲和“女”字所表示的女子在外形上很难区别，除了母亲的乳房比一般女子较为发达外，其他特征很难在字形中体现出来，于是，造字者便抓住这一特征作为“母”字的构形，十分形象地表明了“女”字和“母”字的区别。通过以上几个字形，我们可以看到，从一个心灵手巧的女子，到被男子抢夺为妻，怀孕生子，成为母亲，整个过程都在汉字字形中得到了形象的展示，这充分体现了汉字构形丰富的文化意蕴。

不仅古文字字形可以映射出一定的社会文化信息，后来所造的表意字也同样具有这样的功能。例如邹晓丽《古汉语入门》曾举过这样一个例子：唐代女皇武则天本名武照，称帝之后，为了显示自己的至高无上，把自己的“照”字改造成了“曌”，由“日”“月”“空”三个部件组合而成，取意日、月当空，作为自己名字的专用字。骆宾王在写《为徐敬业讨武曌檄》一文时，却故意把“曌”写成了“瞾”，以后又有不少人沿用，最终被收入字典，作为“曌”的异体字。骆宾王改“曌”为“瞾”，就是将“曌”字的“明”写成了“䀠”，他之所以这样做，意在告诉人们：当时临朝“当空”的，不是光明灿烂的“日”“月”，而是一双特别凶狠恶毒的眼睛。《说文》：“䀠，左右视也。从二目。”是什么东西在“左右视”？许慎在“䀠”下虽未说明，但在“瞿”下则有这样的说解：“瞿，鹰隼之视也。从隹从䀠。”原来那两只眼睛表示的是嗜血成性的鹰隼之类的猛禽在攫取食物时那凶狠贪婪的目光。字的形体在体现字义时多么形象！再看以“䀠”做参构部件的字：“攫”本义为猛禽用爪抓取食物，本作“矍”，上为瞪圆双眼搜寻猎物的猛禽，下为伸开的利爪，生动描绘出猛禽获取弱小动物的画面。何止是动物，就连老人小孩它们也不放过，《山海经·大荒西经》：“鸷鸟攫老弱。”这样凶残的鸟类，叫人见了如何不胆战心惊？所以，表示害怕的“懼”（“惧”的繁体字）字正是从心从瞿，或作“䀠”，其造字意图，就是用人见到鹰隼那双凶恶的眼睛就心惊，来体现害怕之义。

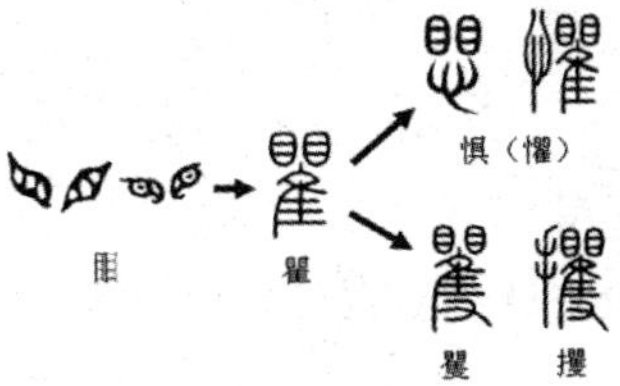

图2. 从“䀠”到“惧（懼）”“攫”的发展

至此，我们才真正体会到，骆宾王将“曌”改得多么巧妙！武则天用日月当空照来喻指自己如高悬空中、光耀天下的日月，但实际上，她却是豺狼成性、残害忠良、杀姊屠兄、弑君鸩母……于是骆宾王便写檄文进行讨伐，用“瞾”字的构形喻指武后就像凶恶的鹰隼一样，用那双狠毒、贪婪的眼睛监视着天下。如果不从文化的角度对“曌”“瞾”两种字形的构造意图进行解析，就无法领会骆宾王改字的深意。

形声字同样也可以从文化的角度进行解读，因为形声字的意符可以显示该字的意义类属，选取哪个部件充当意符，往往可以透露出一些文化信息。如“针”字本作“箴”，《说文》：“箴，缀衣箴也，从竹咸声。”“箴”字以“竹”为意符，说明当时的针是用竹子制成的。《礼记·内则》：“衣裳绽裂，纫箴请补缀。”“针”即作“箴”。青铜时代以后，针多为金属制成，故“箴”字改从“金”旁，写作“鍼”。《说文》：“鍼，所以缝也，从金咸声。”后来“鍼”简化为“针”。“针”字意符的前后变化，正反映了制针材料的变迁。再如，医生的“医”原作“毉”，从巫殹声，这种字形结构，正反映了古代社会巫、医不分的情况。《论语·子路》：“人而无恒，不可以作巫医。”这里将“巫”“医”连称，说明二者的职责还没有分开。古代传说中著名的神医就叫巫彭，《吕氏春秋·勿躬》：“巫彭作医。”《楚辞·天问》：“化为黄熊，巫何活焉？”王逸注：“言鲧死后化为黄熊，入于羽渊，岂巫医所能复生活也？”《广雅》则更为明确地说：“巫，医也。”后来，随着医学的发展，医学逐渐从巫术中分离出来，《汉书·艺文志》即把医类归入“方技略”，而把卜巫归入“术数略”。这时候，“医”字如果再写作“毉”，就显得字形与医学的实际相脱节了，为了适应医学的新变化，“毉”的字形便改为“醫”，去掉了意符“巫”，而改用意符“酉”，“酉”就是早期的“酒”字。之所以改用“酉”做意符，是因为当时医生经常用药酒给人治病，这正如《说文》所说：“醫，治病工也……酒，所以治病也。《周礼》有醫酒。”

可见，是医学文化的发展，促成了“医”字构形的改变。

近年来，人们对汉字的文化价值越来越重视，不少学科都已把汉字构形分析作为文化研究的一个重要手段。但是，在汉字文化热的同时，我们还应该清醒地认识到，汉字构形的分析是一项非常专门化的工作，需要有足够的专业知识，需要全面了解汉字构形的基本规律，广泛涉猎与汉字构形有关的文化知识，熟练掌握推源、考证的具体方法。利用汉字构形去研究文化，千万不要把这种复杂的工作简单化、庸俗化，甚至从实用主义的目的出发，对汉字字形随意猜测，妄加考证，从而抹杀汉字构形的基本规律，给汉字文化研究带来不良影响。

（王立军）

汉字阐释的文化解读

汉民族在长期使用汉字这种表意文字的过程中，逐渐形成了很强的表意文字意识，对于每一个汉字，都有意无意地去寻求形体和意义直接的关联。但是，由于汉字形体的不断演变，以及社会文化的不断变迁，造字之初汉字形体和意义之间的直接联系会变得越来越模糊，甚至完全无法看出，这就使得人们对汉字构意的认识往往与最初的构造意图相违背，从而产生一些与汉字构形实际不符的理据阐释。就科学的汉字学来讲，这样的理据阐释无疑是错误的，也是在当今的汉字讲解中应该尽量避免的。但另一方面，古人对汉字理据的这些错误阐释，往往是从当时的社会文化出发对当时的汉字形体进行说解，从而在那个时代的形体和那个时代的文化之间建立某种联系，这种时代的烙印使得这些错误的阐释有了另一种应用价值，即通过对这些错误阐释的分析，去解读其中所包含的文化信息。

早在先秦时期，人们刚开始进行字形分析的尝试时，就是用社会文化的眼光去审视汉字的构形的。但由于当时人们对汉字的本质和历史缺乏了解，使得他们对汉字进行阐释的出发点是阐释者自己所处的时代的文化，而不是造字之初的文化。如《左传·宣公十二年》云："夫文，止戈为武。……夫武，禁暴、戢兵、保大、安民、丰财者也。"很明显，这里，《左传》把构成"武"字的"止"和"戈"分别理解为"制止"和"战争"，"武"就是要禁暴戢兵、制止战争。这种解释带有浓厚的文化色彩，但这是《左传》时代的文化色彩，而不是造字时代的文化色彩。甲骨文的"武"确实从止从戈，戈在上，止在下（见图1）。不过，其中的"止"并不表示制止义，而是表示脚的"趾"字的初文，造字者借用一只脚表示人在走路；"戈"代表武器，人扛着武器走路，正会出"出征打仗"之意。可见，《左传》的解释并没有反映出"武"字的真正构意，它虽然似乎也是从字形出发的，但它对字形的理解并不是科学的，而是打上了深刻的时代烙印。春秋战国时期，由于战争频繁，民不聊生，反战求安的呼声非常强烈，在只靠文的手段无法有效制止战争发生的情况下，人们便提出了用战争制止战争的主张。如《司马法·仁本》云："杀人安人，杀之可也；攻其国，爱其民，攻之可也；以战止战，虽战可也。"意思是说：杀掉坏人而使人民得到安宁，即使杀人也是可以的；进攻别的国家，是出于爱护它的民众，即使进攻别国也是可以的；用战争制止战争，即使进行战争，也是可以的。《商君书·画策》也说："故以战去战，虽战可也；以杀去杀，虽杀可也；以刑去刑，虽重刑可也。"可见，这种思想观念在当时是十分盛行的。正是在这种思想观念的影响下，才产生了《左传》对“武”字构形的上述解释。这种解释虽然是对汉字字形的曲解，但却从一个侧面反映了春秋战国时期“以战止战”的战争观念。应该说，从文化研究的角度，这种错误的阐释也有着一定的利用价值。不过，在具体的操作过程中，我们一定要分清什么是汉字的阐释文化，什么是科学的汉字构形文化，千万不能将二者混为一谈。

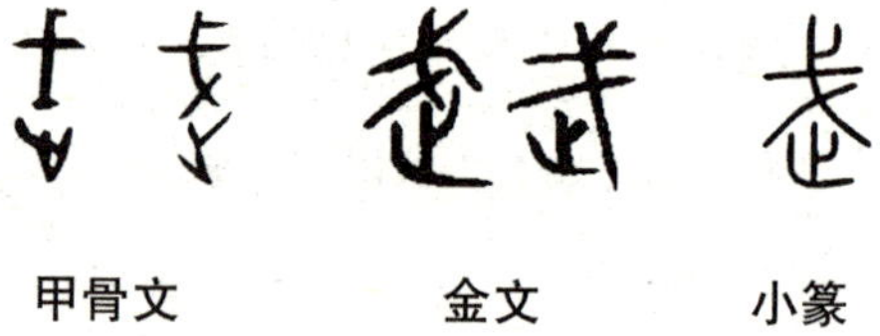

图1．古文字中的“武”

类似的例子在东汉许慎的《说文》中还有不少。《说文》是我国第一部阐释汉字字形的专著，该书通过对汉字字形的解析，去揭示汉字的构意，并且注意到了汉字字形和文化间的密切关系。但由于许慎无缘见到甲骨文，再加上儒家传统思想的深刻影响，他对汉字形体中的文化信息的阐释有不少实属误解。如他对“王”字这样解释道：“天下所归往也。董仲舒曰：‘古之造文者，三画而连其中谓之王。’三者，天地人也；而参通之者，王也。孔子曰：‘一贯三为王。’”许慎认为，“王”字中的三横分别代表天、地、人，一竖表示王者可以将三者相贯通。这实际上是利用字形的分析，替统治者歌功颂德，告诉人们王上可通天，下可达地，中可统民；王是真命天子，能代天立言，为民造福；王之为王，乃天经地义，是字形早就规定了的；因而，作为臣民，只能服从上天的意志，而不能起来反抗。这种对“王”的解释，是从一定的功利主义目的出发，将统治阶级的意志强融于字形之中，这虽然符合当时的文化背景，却不符合汉字的历史实际。“王”字在甲骨文中像一把斧头的形状（见图2），由斧头引申为王者，正说明当时称王天下的人靠的是手中的武器，而不是道德；靠的是个人的征战，而不是天命。因此，如果我们从科学的汉字学的角度来讲，许慎对“王”字的阐释确实是违背字源的，是应该完全否定的，但如果从文化的角度去解读，又确实能够获得一些有价值的认识。许慎的这种王道观念是先秦两汉时期社会思想的主流。从许慎解释“王”字时所引用的文献看，孔子就曾提出了“一贯三为王”，而董仲舒则对孔子的说法进行了发挥，他在《春秋繁露》卷十一说：“古之造文者，三画而连其中，谓之王。三画者，天、地与人也；而连其中者，通其道也。取天、地与人之中以为贯而参通之，非王者孰能当是?”在这里，孔子、董仲舒、许慎实际上都是把汉字的构形分析当成了宣传王道的一种方式。

甲骨文　　金文　　小篆

图2．古文字中的“王”

再如，“父”字甲骨文和小篆均象以手持丨形（见图3）。许慎解释“父”字说：“矩也。家长率教者。从又举杖。”大意是说：父，坚守规矩，是一家之长，是引导教育子女的人。这明显是受了儒家宗法思想的影响。在封建宗法思想体系中，“父”是一家之长，在家庭中占有极其重要的地位。父母就是“严君”，父子之间如同君臣。儒家礼教经典《礼记》曾这样说：“父母怒不悦，而挞之流血，不敢疾怨，起敬起孝。”许慎用这样的文化背景去观照“父”字的构形，自然会联想到举杖怒笞子女的“父”的形象。实际上，按照郭沫若《甲骨文中所见之殷代社会》的解释，“父”字应该是石器时代的产物，而不可能是宗法社会的写照。他说：“父乃斧之初字。石器时代，男子持石斧（丨即石斧之象形）以事操作，故孳乳为父母之父。”这样看来，我们对许慎关于“父”字的阐释，也只能从他所处的时代文化背景去解读。

甲骨文　　金文　　小篆

图3．古文字中的“父”

由于许慎在传统文字学中的独尊地位，后来历代的汉字研究基本上是沿着他的路子走过来的。这些研究既继承了许慎系统研究汉字字形的优点，也沿袭了他曲解汉字与文化的关系的不足。如《说文》“正”下云：“是也。从止一。……古文‘正’从二。二，古文‘上’字。”《说文》凡云“从某某”者，都属于王筠《说文释例》中“合两字为意，而顺递言之者”一类，也就是说，所从的两个字可以组成一句话，表达一个完整的意思。那么，“止一”连读，表达的是什么意思呢？桂馥《说文义证》解释说：“从止者，大学在止于至善。”这实际上是用《大学》中“大学之道，在明明德，在新民，在止于至善”的思想来比附“正”字的字形，大意是：大学的学习原则，在于彰明人们本身所固有的光明德性，在于让民众弃旧向新，在于达到最完善的境界。《大学》是春秋战国时期的著作，而“正”字在殷商甲骨文中就有，用春秋战国时期的思想去解释“正”的构意，明显缺乏历史观念。由于“正”字古文形体从“二”，“二”是“上”的古文，“上”可以指天，所以桂馥又阐发道：“天道无私，是以恒正。”意思是说，“正”的古文形体蕴涵着天道的正大无私，正因其无私，天才能恒久地高显在上。仅仅是一画之差的书写差异，就可以分析出如此不同的文化内涵来，足见其解释的随意性。实际上，“正”是征伐的“征”的初字，“正”的甲骨文字形“止”的上面是“口”形（见图4），不是“一”或“二”。

“口”形表示要征伐的城邑，“止”表示行走。“止”朝向“口”，表示向征伐的目的地行进之意。许慎、桂馥以“止一”释“正”，也不是对字源的正确阐释，而是将儒家的思想观念寓于字形说解之中。

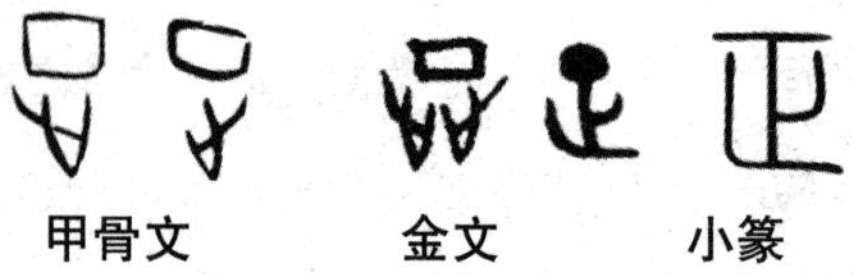

图4．古文字中的“正”

（王立军）

汉字起源的文化解读

关于汉字的起源，古代有多种传说。《周易·系辞下》说：“上古结绳而治，后世圣人易之以书契。”其他文献中也有不少关于上古结绳记事的记载。直到甲骨文中，还保留着结绳记事方法的痕迹。金文的数目字“十”写作，像一个绳结的样子；数目字“二十”写作（即后来的“廿”，音niàn），像两个绳结的样子；数目字“三十”写作（即后来的“卅”，音sà），像三个绳结的样子。正因为如此，人们很早就将汉字起源与结绳联系起来。东汉的许慎在讲汉字产生前的情形时，就提到了结绳：“及神农氏结绳为治而统其事，庶业其繁，饰为萌生。”近人朱宗莱更是肯定地说：“文字之作，肇始结绳。”这就是关于汉字起源的重要传说之一——结绳说。

图1. 金文中的“十”“廿”“卅”

其实，结绳只是一种原始的记事方法。这种方法在我国古代确曾使用过。《庄子·胠箧》说："昔者容成氏、大庭氏……伏牺氏、神农氏，当是时也，民结绳而用之。"根据这个说法，上古曾有很长一段时间都用结绳记事，而神农氏则是使用结绳的最后时代。至于结绳这种记事方法如何施行，《周易正义》引《虞郑九家易》说："古者无文字，其有约誓之事，事大大其绳，事小小其绳，结之多少，随物众寡；各执相考，亦足以相治也。"据说，我国怒族解放前仍使用结绳记事，其方法正与此相同。在大部分地区，结绳主要是用于记数。因为在原始社会时期，随着生产的逐渐发展，人们对数量的记录和计算产生了迫切的需求，收获的谷物、猎取的禽兽需要计算，区域的大小、路途的远近需要标记，甚至岁月时日、生活琐事也都需要用数字来记录。于是，他们逐渐探求能够帮助记数的各种方式，结绳便是其中的一种，这样，绳结便和数量建立了联系。

至于有人根据古文字"十""廿""卅"三个数目字的形体很像打结的绳子，认为它们来源于原始的结绳记事法。在没有充分的证据之前，我们不能断然肯定此说纯属虚妄，毕竟在结绳记事中单结的确可以表示十。但即使这种推测能够成立，极个别的汉字采用结绳形象作为构字符号，也只能说明结绳记事法对汉字的产生有一定影响，而不能由此得出汉字起源于结绳的结论。这正如"目""口"等字采用人体器官的形象作为构字符号，而我们却不能说汉字起源于人体器官，其道理是一样的。结绳仅仅是一种帮助记忆的实物性记号，不可能成为记录语言的工具。人们之所以把结绳与文字联系在一起，是因为人类创造结绳记事的方法与发明文字的想法是很一致的。一件事情要想存储在脑子里，只有在记忆能力所能达到的时间和准确度之内，才是可能的。但人类记忆的延续时间和可负荷的容量都是有限的，只有依靠外部标志的提示作用，才可能使这些限度有所提高。这种对记忆超越时间限制的需求，正是激发人类发明文字的动因。可以说，在原始人利用结绳来帮助延长记忆时间的时代，文字产生的主观要求就已经具备了。原始社会的人群活动范围还不很大，对记事符号的交际功能要求不高，突破语言的时间限制比突破空间限制更迫切一些，在这种特定的时代，结绳这种低级的记事符号确曾起到了一定的作用。虽然绳结的可区别性很低，其记事的数量和明确性都十分有限，但它毕竟是人类在使用符号方面的一次成功尝试。随着社会的日益发展，社会事务越来越繁杂，简单的结绳再也满足不了管理社会的需求了。于是，另一种全新的符号体系——文字，开始孕育而生。从结绳到文字，虽然不存在直接的渊源关系，但在用符号帮助记忆的思路上却是相似的。因此，结绳说虽然不能揭示汉字的真正起源，但其中确实隐含着一些合理的成分。

关于汉字起源的另一个重要传说是“仓颉造字说”。这种传说战国时即已流行,到秦汉时代更加盛行。例如说：仓颉“生而见鸟迹，知著书”（《淮南子·修务训》高诱注）；甚至说：

“仓颉四目”（《论衡·骨相》）、“昔者仓颉作书而天雨粟，鬼夜哭”（《淮南子·本经训》）。仓颉四只眼睛，生下来就会写字；他造字时，惊天动地，天上下起了粮食，鬼在夜里偷偷地哭泣。这些传说，显然把仓颉神化了，带有浓厚的封建色彩。不过，只要我们剔除了其中的封建糟粕，还是能够从中了解到一些有关汉字创造的历史真相的。

据传说，仓颉是黄帝的史官，虽然汉字不可能是某一个人创造的，但史官在汉字起源过程中担当重要的角色，应该是有一定道理的。因为文字是具有高度“约定俗成”性的符号体系，其应用范围应该是相当广的，所以，只有在大范围社会交往的需求下，文字才可能产生。仅仅在单个氏族内部，由普通人出于某种个体需要而刻画一些符号，是难以形成文字体系的。当社会进入较大规模的部落联盟阶段，联盟之间外交、战争事务频繁，迫切需要能够为各联盟所共用的交际符号，于是对民间刻画符号进行搜集并从中整理出共用文字的工作成了当务之急。这项工作不可能由民间某个普通人来完成，而只能由上层社会“有知识”的人整理之后，再靠行政手段去推广。传说黄帝是古代中原部落联盟的领袖，由他的史官仓颉来做这项工作，应该是合乎情理的。

仓颉是史官，因集中使用原始文字，得以对群众自发产生的字符加以规整，所以，《荀子·解蔽》说：“好书者众矣，而仓颉独传者，一也。”这里的“一”就是“统一”的意思，也就是说，当时喜欢文字的人很多，而仓颉的名字单独流传下来，正是因为他在整理文字方面做了很多工作，能够掌握文字的规律，在民间“约定俗成”的基础上，将零散的字符规整为记录语言的符号系统。过去，对于仓颉造字说，历史学家们总着眼于考证仓颉是否实有其人。我们认为，仓颉本人的有无，并不十分重要，即使当时没有名叫“仓颉”的史官，也一定会有叫别的名字的史官来做这样的工作。“仓颉”出现的时代，应在原始汉字有了一定数量的积累阶段，也就是中华民族由蒙昧走向文明的初期。说他是在黄帝时代，是因为黄帝代表着中华民族共同的祖先，黄帝时代是中华文明的发源时代，而且也是大规模部落联盟形成的时代，至于具体的时间，是不足为据的。

传说毕竟是传说，汉字的起源还必须用科学的方法去证实。世界上文明的发生都在大河流域，因为，水源和动植物给人类的生存提供了可能的生态条件。中国的文明在黄河流域诞生，它是独立发展的。汉字——中华文明的重要标志之一，也是独立产生的，它和埃及圣书字、古代苏美尔文字、原始埃兰文字和克里特文字等，同是世界上最古老的文字。汉字和这些古老的文字一样，都经过由图画文字到表意文字的阶段；而它与其他古老文字不同的是，那些古文字在演变中有的停止使用而丧失了生命力，有的变成了拼音文字，有的甚至不可识读，被外来文字取代，唯有汉字，自始至终一直没有中断过，成为世界上唯一仍在继续使用的有着严密体系的表意文字。

既然汉字发展的历史没有中断，那么，我们沿着它踏出的足迹向上追溯它的起源，应当是可能的。但是，现存最早的汉字甲骨文产生在殷商时代，距今大约有三千四百年的历史。它已是一种有着比较严密体系的文字。小屯的殷墟文化，仅从它相当发达的冶炼技术和铜器、陶器、玉器上的艺术纹饰看，便可以确定它已是高度发达的文明。所以有人说，如果把殷墟文化看作中国文明的诞生，那就未免有点像传说中的老子，生下来就有了白胡子。因此，我们完全可以推测，汉字在进入甲骨文之前，必定还有一段相当长的历程。但是，沿着甲骨文再向前追溯，可以证实汉字历史面貌的文物与文献还不够系统和充分，这就使得我们对汉字的起源，只能以不连贯的历史证据和依照发展逻辑的推测为基础，去建立科学的假说。也正因为如此，关于汉字的一些传说，才具有了非常宝贵的参考价值。

（王立军）

汉字发展的文化解读

汉字从形成体系到现在，已经有三四千年的历史。其间，随着社会的进步和汉语的发展，作为记录汉语的汉字符号系统，从字符的构形到书写体势，都有过几次重大的变化，从而形成了不同的字体风格。一般认为，汉字发展史上所出现的主流字体主要有五种，即：甲骨文、金文、小篆、隶书和楷书。探讨这些字体的成因，除了要从汉字自身的发展规律入手外，社会文化的影响也是一个非常重要的观测点。而且，在个别字体身上，后者的影响有时甚至会超过前者。

先拿甲骨文来说，这种字体其实就是当时特殊的社会文化——占卜文化的直接产物。甲骨文的内容绝大部分是关于占卜的记录，所以甲骨文又称卜辞。殷商时代，社会文明还比较落后，人们非常迷信，相信上天左右着一切，无论大事小事，如天气、收成、田猎，甚至做梦，都要卜之于天。当时的占卜材料主要是龟甲、兽骨。占卜时，先在龟甲、兽骨上钻凿出“丁”字形的槽穴，然后在有槽穴的地方进行灼烤，由于这些地方已经变薄，受热之后很容易发生崩裂，而且由于所凿的槽穴是“丁”字形的，出现的裂纹也多为“丁”字形。后来人们在造占卜的“卜”字时，就是取象于这些“丁”字形裂纹的形状，“卜”字的读音也是来源于龟甲、兽骨崩裂时所发出“bó-bó”声（“卜”古与“剥”音近）。当时的人们就是根据这些兆纹去判断所卜之事的吉凶的。这看起来就好像是小孩子玩的游戏，但在那个时代，却被人们当作是极为神圣的事情。有时在占卜结束之后，人们还要把占卜的内容和结果等刻在甲骨上，这便是卜辞。不过，商代人有时候也在卜甲或兽骨上记录一些与占卜无关的事情，这类文字数量并不多，通常也称为甲骨文，因此，严格来说，甲骨文的范围要比甲骨卜辞广一些。

图1．龟甲上清晰可见的兆纹——卜

在龟甲、兽骨这样坚硬的质地上刻字，其难度可想而知。即使十分用力，也只能刻出纤细的笔道；本来该曲线的地方，也只能刻成生硬的折笔；遇到圆形的东西，就更难体现了，就像阿Q一样，那个圈儿怎么画也画不圆，无奈只好刻成个方形。如在下列字形中，太阳变成了方的，车轮变成方的，就连人头也都成方的了（请看下面甲骨文与金文的对比）。

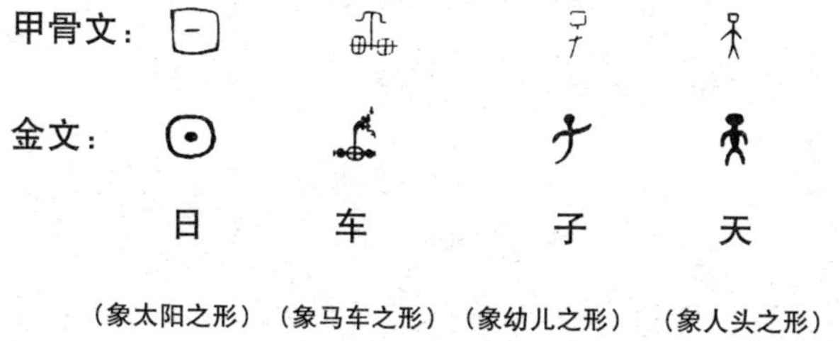

图2. 甲骨文、金文字形对比

这样，甲骨文便形成了“笔画瘦削，多有方折，刀笔味浓”的字体风格。这种风格的形成，从直接原因看是由于书写材料的坚硬，而更深层的原因则是用龟甲、兽骨进行占卜这种特殊的文化活动。其实，甲骨文并不是当时日常使用的字体，而只是占卜这一特殊文化领域的特殊产物。在当时，毛笔已经成了主要的书写工具。“笔”甲骨文作，正象以手握毛笔之形，说明当时确实已经有了毛笔。《尚书·多士》说：“惟殷先人，有册有典。”“册”甲骨文作或等形，象用竹片或木片编成的简册之形。可见当时就有了竹简文，只是由于竹简易于腐烂，我们今天才没能看到，而当时用毛笔所写的竹简文，一定不会具有甲骨文“瘦削方折”的特点。因此说，甲骨并不是当时的普通书写材料，而主要是为占卜这种特殊目的而选用的特殊材料。如果没有当时用龟甲、兽骨占卜的文化活动，甲骨文这种字体就不可能产生。

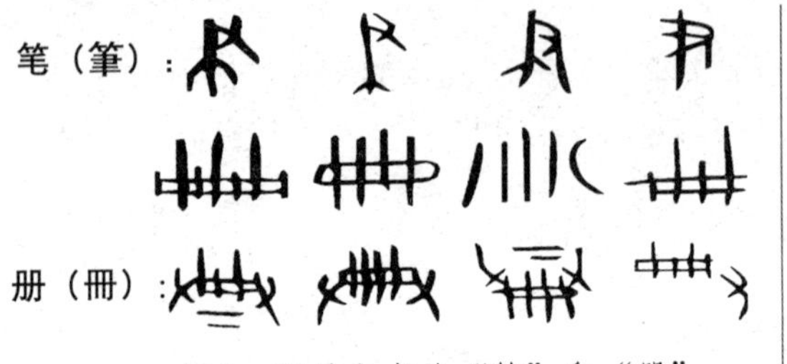

图3. 甲骨文中的“笔”和“册”

金文字体的形成和发展，也与特定的社会文化有着密切的关系。作为汉字字体演变的一个特定阶段，金文是指商周时期继甲骨文之后运用于青铜器上的一种字体类型。青铜器早在商代以前就出现了，当时主要是一些日用器具，上面也没有铭文。商代前期，个别青铜器上开始出现族徽性的单字或先人的称号等。商代后期，随着奴隶主宗法礼制的逐渐强化，青铜器开始具有一种特殊的藏礼作用。所谓藏礼，就是寓礼于器，是古代宗法礼制在青铜器上的物化。一些经常用于祭祀宴享的青铜器被赋予了特殊的意义，具有了明贵贱、别尊卑的特殊功能。青铜器的不同组合方式代表着不同的身份和等级，如天子九鼎、诸侯七鼎、大夫五鼎、士三鼎等。青铜器成了国家的象征、家族的荣耀，“问鼎”便意味着侮蔑和挑战，“鼎迁”则意味着国家灭亡；家族成员立了战功，受了封赐，就要铸刻在青铜器上，以便昭示后人，使子孙后代永志不忘，世代为荣，故金文中常有“子子孙孙永宝用”的字样。到了西周，青铜器的这种作用达到了顶峰，其上的铭文也变得越来越长。西周末年的《毛公鼎》共铸有497字，是现知最长的一篇金文。西周以后，奴隶制开始向封建制过渡，“礼崩乐坏”的局面愈演愈烈，青铜器的藏礼作用逐渐衰落，到战国时期重又回复为日用器具，长篇铭文已非常罕见。

图4. 金文《犀伯鱼父鼎》

由于金文是在这样特殊的场合，为着特殊的目的而使用的，承载着祖宗的光辉荣耀和对子孙后代的美好愿景，肩负着敬宗收族的神圣职责，这就使得金文一定会具有与甲骨文不同的字体风格（见图4）：笔画上一改甲骨文瘦削方折的特点，变得肥厚粗壮，圆浑丰润；整体风格庄重典雅，精致美观；字形大小基本一致，行款排列趋于整齐。这种风格的形成，当然与金文的实现过程有关，因为金文大多是铸造出来的，在铸造的砂模上写字要比在龟甲、兽骨上刻字容易得多，可以对字形进行精心加工，以求得字形上的庄重美观。但是，实现过程的便利，只是为金文的这种字体风格提供了实现的可能性，而真正促使这种风格最终成为现实的，则是宗法礼制对青铜器铭文所提出的文化诉求。只有典雅庄重的字体风格，才能与宗法文化庄严肃穆的氛围相和谐，才能真正承载起宗族的尊严，显示出凝聚宗族的力量。从这种意义上来讲，金文同样也不是当时日常使用的字体，而是青铜文化这一特殊领域的特殊产物。

西周之后，经过春秋时期的动荡，到战国时期已经形成了诸侯割据的局面。正如许慎在《说文·叙》中所说的那样，当时“诸侯力政，不统于王，恶礼乐之害己而皆去其典籍”。对典籍的轻视，使得人们做事没了共同的依据，写字没了共同的标准，这样，便出现了“田畴异亩，车涂异轨，律令异法，衣冠异制，言语异声，文字异形”的局面。当时各诸侯国文字之间的差异非常大，而且在地域分布上具有一定的规律性：距周王朝所在地越远，变化就越大。盘庚东迁之后，秦迁都于雍（今陕西凤翔附近），这里原是西周故地。秦迁来后，基本上继承了西周文化，在文字上也与西周金文一脉相承。当时的秦国相对比较落后，政治经济上都较为保守，文字方面也没有太大的改变，除了书写风格上渐趋规整匀称之外，结构上的变化并不明显。而六国文字则变化剧烈，与西周金文差距越来越大。所以，人们往往把战国文字分作两大派系，即：秦系文字和六国文字。秦系文字在风格上端庄严谨，大小一致，笔形布局极有法度，偏旁部首的写法和位置也都基本定型；笔道粗细均匀，已基本实现线条化；整体风貌已与小篆十分近似，明显处于西周晚期金文向小篆的过渡阶段。如果仅从汉字发展的自身规律去分析，从西周金文，经过战国秦系文字的过渡，从而发展为秦朝标准的小篆，似乎是顺理成章的事情。但是，我们不能忽略这样一种历史的可能性，如果秦国一直是一个弱小的国家，如果不是秦国统一了天下，那么，汉字在金文之后的代表性字体还依然是小篆么？小篆最终能够成为一种代表性字体，是汉字自身发展的必然结果，还是依靠政治文化的力量使这种可能性成为现实呢？相信我们从这些问题中，可以真正体会到文化在汉字字体发展过程中的重要作用；而汉字字体发展的整个历史，也应该从文化的角度进行重新解读。

（王立军）

汉字规范的文化解读

汉字规范，是指根据汉字发展的规律和社会交际的需要，为汉字字形确定统一的规范与标准。作为汉民族共同的交际工具，汉字的字形必须规范。只有人们在交际中遵守一个共同的字形规范，才能使交际活动中的信息传递、思想表达准确有效，从而避免歧义和误解的发生。汉字的字形规范是实现汉字基本交际功能的必要保证。

汉字字形规范的历史由来已久。可以说，自从汉字产生的那一天起，字形规范的工作就已经开始了。鲁迅先生在《门外文谈》中谈到仓颉造字的传说时说："仓颉也不止一个，有的在刀柄上刻一点图，有的在门户上画一些画，心心相印，口口相传，文字就多起来，史官一采集，便可以敷衍记事了。"这就是说，汉字不可能是仓颉一个人创造出来的，而是由许许多多的像仓颉那样的人慢慢积累丰富起来的。既然汉字是由不同时间不同地域的很多人分别创造的，可以想象，当时人们对于同一个字的写法绝不是一开始就完全统一的。刀柄上的图，门户上的画，或繁或简，形态各异，最初只是在小范围内充当交际的符号，尽管形体参差，却也并无大碍。但是，随着部落规模的日益扩大，人们的交际空间范围越来越广，形态各异的汉字形体无法得到广泛的认同，给大范围的交际活动带来严重的障碍。这时，对字形进行规范整理已经迫在眉睫，作为文字的主要使用者的史官们，责无旁贷地肩负起这一重要使命。他们将散见各地的字形搜集整理，确定相对统一的规范，从而达到了“敷衍记事”的目的。这些“仓颉”们，也便成了历史上最早对汉字进行规范的先驱者，在汉字发展史上占据着举足轻重的地位。正是由于他们的规范工作，汉字体系才可能最终形成。这正如章太炎先生在《检论·造字源起说》中所说：人们造字，“字各异形，则不足以合契。仓颉者，盖始整齐划一，下笔不容增损。由是率尔著之符号，始为约定俗成之契”。

但是，当时“仓颉”们的工作还带有很强的自发性，还远没有达到“下笔不容增损”的地步，也很难说是真正意义的“汉字字形规范”。这一点，从后来的甲骨文可以得到很好的证明。甲骨文虽然已经是成体系的文字，但由于此期汉字仍然具有很强的象形性，有些甚至带有原始图画的特征，其形体的稳定性依然很差，异体很多，字形的繁简程度、字的参构部件、部件的位置及摆放方向都表现出极大的灵活性。如象短尾鸟之形的“隹”，在甲骨文中多达几十种样式，有高有矮，有肥有瘦，或添足或点睛，或静立或飞翔，或左顾或右盼，真可谓千姿百态，犹如百鸟翔集。甲骨文的

“齿”字像张开嘴露出牙齿的样子，但牙齿的数量却多少不等，有一、两颗的，有三、四颗的，甚至还有六颗的，再加上牙齿的位置分布复杂多样，使得“齿”字在甲骨文中的形体也各式各样（见图1）。也有些汉字采用了不同的构件，如“牢”字，本义是牲口圈，其甲骨文字形就像圈有牛羊马的牲口圈的样子，正因为牲口圈里圈牛、圈羊、圈马都可以，所以甲骨文的“牢”也就出现了从“牛”、从“羊”、从“马”等不同写法（见图2）；还有些字的摆布方向不同，或左或右，或上或下，或正或侧，如甲骨文的“龟”字，就有左右正侧等多种写法（见图3）。

图1. 齿

图2. 牢

图3. 龟

这些形象生动的字形变化，从欣赏的角度来看确实十分有趣，但作为文字形体，这种混乱的局面是不符合语言对文字的要求的。作为记录语言的文字符号，应该有固定的形体和明确的意义，这样才能有效地充当日常交际的工具。所以，汉字在其发展过程中，不断通过自觉的调节和人为的规范，逐步使自身的构形朝着规范有序的方向发展。但这种发展并不是直线进行的，而是充满波折的。殷商甲骨文较乱，西周金文渐趋稳定；战国文字较乱，小篆走向统一；隶书书写较乱，楷书确立标准。这一乱一治的交错状态，一方面是汉字由稳定到变革的必然结果，另一方面也和当时的社会政治形势有着密切的联系。

汉字发展到西周时期，由于当时周王室的强有力的统治，天下一统，社会局势较为稳定，这使得当时的金文字形在规范程度上大大提高。周宣王时的太史籀还专门对当时的文字字形进行整理，编成《史籀篇》，作为教贵族子弟识字的教材，同时也是当时社会用字的规范。后来，随着周王室统治力量的衰弱，诸侯各国开始各自为政，社会局势开始动荡不安，并最终进入战国时代。“车涂异轨，律令异法，言语异声，文字异形”，是对当时社会很好的写照。社会的动荡，导致了战国文字字形极度混乱。图4是当时各诸侯国关于“马”字的不同写法：有的装饰得很精美，有的简化成寥寥几笔；有的还大致像马的样子，有的则成为纯粹的记号。如此严重的字形差异，极大地影响了不同地区人们的相互交际。所以，后来当秦始皇刚刚统一天下后，丞相李斯马上建议秦始皇统一文字，实施“书同文”的政策。

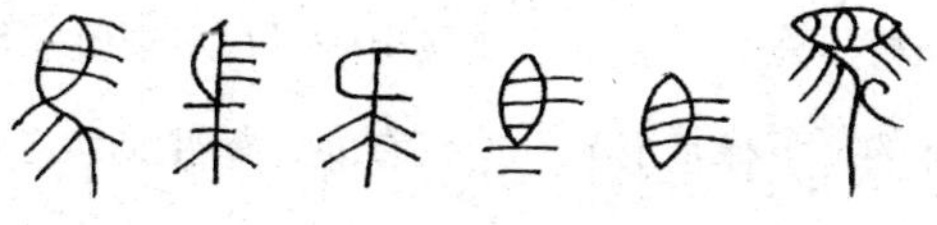

图4. 马

秦朝在汉字字形规范方面确实做了大量的工作。秦朝的“书同文”就是要“罢其不与秦文合者”，即凡与秦国字形不同的其他诸侯国的异体字一律废止，以秦国通行的字形为标准字形。当时为了制定统一的字形标准，丞相李斯作了《仓颉篇》，中车府令赵高作了《爰历篇》，太史令胡毋敬作了《博学篇》，这三本书以《史籀篇》中的字形为主要来源，对其中较为繁复的字形稍加省改，在此基础上形成一种新的标准字体，即小篆。李斯等人的书就成了这种标准文字的范本。这是中国历史上第一次有组织的大规模的字形规范与整理运动。为了使统一后的文字在全国得以推广，秦始皇巡行天下，所到之处都要刻石铭功，如著名的《泰山刻石》《峄山刻石》等，相传都出自李斯之手，是非常典范的小篆字形。除此之外，秦代还将标准小篆字形运用于兵器、虎符、玺印、货币及简策等载体之上，为汉字字形的规范统一发挥了重要作用。

可见，汉字字形的规范，与社会政治文化的发展有着非常密切的关系，社会长期分裂动荡，字形分歧必然加剧；社会长期稳定，字形规范就会得到重视。秦朝以后，凡遇太平盛世，都会采取一些规范字形的措施。从两汉到唐代，统治阶级多次立石刻经，选派书法家或文化官员用标准字形书写，作为当时文字的字形规范。科举盛行以后，历代又出版了很多规范字形的字书，如唐颜元孙的《干禄字书》、宋张有的《复古编》、清龙启瑞的《字学举隅》，等等。科举考试对字形的要求很严，只要主考官在考卷里发现一个错别字或不规范的字形，文章写得再好，考生也不会被录取。朝廷对于官吏的文书，在字形规范上要求也非常严格，如果发现奏章上写了错字，轻的打板子，重的还要降职办罪。这些措施都在一定程度上促进了汉字字形的规范。

不过，汉字的书写活动是由数量众多的个体实现的，个人的喜好不同，习惯不同，受教育程度不同，这就使得汉字无论何时都无法彻底杜绝异体字的存在。书写活动的个体性必然导致汉字形体的个性化和随意化，从而产生种种变异：有人追求文字书写的简便快捷，随意把文字简化；有人迷恋传统字形的庄重古雅，坚持写不规范的异体字和繁体字；更有些“马大哈”先生，随心所欲，信笔写来，甚至闹出笑话。明代冯梦龙的《广笑府》中就记载了这么一位县官：他写字一向很潦草。有一天他要请客，写了一张字条叫差役“买猪舌”。当时的字是竖排的，由于他把“舌”字写得太长，上下两部分分得太开，差役看成“买猪千口”了。差役跑遍了全城，又到近乡去搜罗，好不容易才凑成五百口猪。回衙后，差役连连磕头，请老爷恕罪，说自己实在是买不够一千口了。县官一听大怒：“我让你买的是猪舌，谁叫你买一千口猪了？拉下去打！”差役十分委屈，说:“以后若要买鵞(“鹅”的异体字)，求老爷千万写短点,别写成买‘我鸟’了!”这个故事虽然有些夸张，但因写字不规范而造成误解的事例，在现实生活中确实比比皆是。也正是由于这些现象的存在，汉字规范工作无论在什么时代都显得非常重要。

（王立军）

分论篇

汉字构形与古代天文

中国是世界上产生天文学最早的国家之一。明末清初著名学者顾炎武曾说：“三代（夏商周）以上，人人皆知天文。”（《日知录》）这话虽然有些夸张，但远古时期我们的先民对天文的重视确是不争的事实。早在殷商甲骨卜辞中，就有不少关于天文方面的记载；甲骨文的一些字形结构本身，也在一定程度上反映出天文在先民日常生活中的重要作用。

在所有天体中，与人类关系最为密切的莫过于日、月了。先民在造字时，通过象形的方式描摹出日、月的形象。许慎在解释什么是象形字时，举的例字就是“日”和“月”，说明这两个字是典型的象形字。“日”在甲骨文中作，很像圆圆的太阳的样子。有时“日”字会写成、等形，看起来好像是方形的，其中后一个字形跟现在的方块汉字相差不大，这主要是由于甲骨非常坚硬，圆形的东西很难刻写，不得已只好刻成方形的了。“月”字甲骨文作、等形，体现了月亮以缺月为常态的典型特征，也使得月亮和太阳这两种形体相似的物体得以明确区分。

除日、月外，古人对星星也有细致的观察和深刻的认识。“星”字在甲骨文中也是个象形字，写作、等形，由三个加点或不加点的⊙组成，三是虚指，表示很多个像小太阳一样的东西聚集在一起，这就是天上闪烁的群星。在较晚一些的甲骨文中，“星”字出现了、等写法，这是在原来的基础上增加了声符“生”，从而由象形字演变成了形声字。《说文》解释“星”字说：“万物之精，上为列星。”认为星是世间万物在天上所对应的精魂，其中的“列星”就是漫天分布的群星。古人十分重视星星的组合，常常根据临近的几颗星星的组合形状，来划定天上的星宿并给它们命名，如古代天文学中的“二十八宿”，东西南北各有七宿，每七宿想象成一种动物，称为“东方苍龙、北方玄武、西方白虎、南方朱雀”。商代有一条甲骨卜辞记载说：“有新大星竝火。”意思是说，有一颗新发现的大星与“火”星并行，说明当时人们对天上群星的分布已了如指掌，这样才有可能在繁星闪耀的天上发现新出现的星星。这里所说的“火”，就是《诗经·豳风·七月》“七月流火”中的“火”。“火”又称大火星、火星，但它并不是今天所说的行星“火星”，而是西方天文学天蝎座里最亮的一颗恒星。由于它属于红巨星，会放出火红色的光亮，所以被称为“火”。“七月流火”是指大火星在夏历（也就是现在的农历）七月时向西偏移，预示着暑热即将消退。在历法还不太完善的古代，人们常常通过日月星辰运行的位置，观察气象的变化，确定农时，指导生产。《诗经·豳风·七月》中的“七月流火”就是一个典型的例子。现在常有人用“七月流火”表示七月的天气热得像有火在流动一样，其实是一种误解。

杜甫有诗云：“人生不相见，动如参与商。”其中“参（shēn）”“商”也是两个著名的星宿：参星和商星。参宿包含了猎户座的七颗主要亮星，我国古代的认星歌诀《西步天歌》明确描绘了参宿的组成：“参宿七星明烛宵，两肩两足三为腰”。尤其是中间的三颗星，均匀地排成一条直线，亮度相仿，特征极其鲜明，成为参宿的代表。古人造“参”字时，正是抓住了参宿中三颗星相连这一典型特征。“参”字又写作“曑”，甲骨文中作、，上面的三个圆圈表示三颗星，但这三颗星不是泛指多，而是指实际数量。每颗星下各有一条短线，将三者紧密连接在一起，表示这三颗星是一个整体；下面右边的构件是“人”，左边的三点表示星星所发出的光芒，或者是强调星星的数量；整个字就像参宿的三颗星高悬于人的头顶之上，光芒四射。由于参宿主要以三颗星作代表，所以“参”字后来又作“叁”字，表示数目字三。那么，杜甫为什么用参星和商星比喻亲人难以相见呢？因为商星就是前面所说的大火星，它是早晨最亮的星星，故又称晨星。参星一般在晚上出现，后半夜消失；而商星一般在黎明时出现。参星和商星此出彼没，不会同时出现在天空中，所以古人便以“参”和“商”连用，比喻亲友相隔千里难以相见，或彼此对立不相和睦的状况。

在人们的日常生活中，另一个非常重要的星宿是北斗星。北斗星由天枢、天璇、天玑、天权、玉衡、开阳、摇光七星组成，古人把这七星联系起来，想象成舀酒的斗形，因而命名为“斗”。“斗”字甲骨文作，金文作，正象长柄勺子之形。北斗七星中，天枢、天璇、天玑、天权四颗星连在一起组成斗的身，玉衡、开阳、摇光三颗星连在一起组成斗的柄。位于斗身前端的天璇、天枢二星连成的直线，正好指向北极星，而北极星是北方的标志，所以古人常常利用北斗星来辨方向。随着四季的变化，人们会觉得北斗星在围绕着北极星转动，其中斗身的前端始终指向北极星，而斗柄则在不同季节指向不同的方向。于是，北斗星也成为人们辨别季节变化的重要参照，早在战国时期的《鹖冠子》中，就有“斗柄指东，天下皆春；斗柄指西，天下皆秋；斗柄指南，天下皆夏；斗柄指北，天下皆冬”的说法，而我们通常用“斗转星移”来形容时间的变迁，也是来源于此。

当然，由于生产力水平的限制，古人对一些天象的认识并不像今天这样科学，这在汉字形体中也有忠实的反映。如“彩虹”的“虹”字的义符是虫，在今天看来，彩虹和虫子根本扯不上什么关系，古人为什么会将二者联系起来呢？原来，在古人眼中，虹是有生命的，它长着两个脑袋，会吸溪流山涧中的水。甲骨文中的“虹”字写作，这是一个象形字，中间的两道弧线就是虹的主体，两端就像虹的两个头。关于虹有两首、能够吸水的说法，文献中多有记载。例如，商代甲骨卜辞：“亦有出虹自北，饮于河。”《山海经》：“虹虹在其北，各有两首。”《汉书》：“虹下属宫中（落在宫中），饮井水，水泉竭。”连宋代科学家沈括也非常相信这种说法，他在《梦溪笔谈》中说：“世传虹能入溪涧饮水，信然。”汉代专门解释事物命名来源的著作《释名》，也是根据这种传说来解释虹的别名的：“虹，又曰蝃蝀（dì dōng），其见每于日在西而见于东，啜饮东方之水气也。”《释名》认为，虹之所以又叫啜蝀，是因为它能啜吸东方的水气，“蝃蝀”就是“蝃東”，由于把虹看作有生命的动物，所以把“蝃東”二字改成了带“虫”旁的“蝃蝀”。直到现在，人们还用“虹吸”一词表示一种特殊的引水方法，即，用一根弯曲的管将水从一个容器吸到另一个容器中，其形象很像甲骨文的的样子。古人不但认为虹有生命，而且还认为它有性别，笼统地说都叫虹，细分的话，雄的叫虹，雌的叫蜺。后来，“蜺”字的义符换成了“雨”，写作“霓”，而“虹”字的义符则一直没有改变。

古代还有“白虹贯日”的说法，意为白色的长虹穿日而过。古人认为人间有不平凡的事，就会引起这种天象的变化。如《战国策·魏策四》：“聂政之刺韩傀也，白虹贯日。”《史记·鲁仲连邹阳列传》：“昔者荆轲慕燕丹之义，白虹贯日，太子畏之。”聂政刺韩傀，荆轲刺秦王，这样重大的事件惊动了上天，使天上出现了白色长虹穿日而过的奇异现象。其实，所谓的“白虹贯日”，并不是虹，虹是由于聚集在大气中的水滴折射阳光而产生的，所以虹出现的位置总是与太阳的位置相反，虹不可能贯日，也不会是白色的。白色且能够贯日的是一种出现在太阳周围的特殊的光圈，叫作晕。“晕”字甲骨文作、、等形，正象日晕之形。现在的漫画作者有时会在人物的头上画一个圈，表示这个人物晕头转向，这和甲骨文“晕”字的写法有异曲同工之妙。其实，头晕的“晕”就是从日晕的“晕”引申分化而来的。日有晕，月也有晕，古谚云：“日晕雨，月晕风。”孟浩然的诗句云：“太虚生月晕，舟子知天风。”正因为晕和天气变化存在密切的联系，古人便用“白虹贯日”比喻即将发生异常的事情。

“晕”字到小篆中就已变成了形声字，写作，从日军声。“军”字从车从包省，含有以车包围之意，所以《说文》说：“军，圜围也。”“晕”字以“军”为声符，实际上也运用了“军”的“圜围”的意义。巧合的是，古人认为，日晕和两军之间的战争胜负也有一定联系。如《史记·天官书》中说，两军对阵时发生日晕，如果日晕大小厚薄相同，表示两军势均力敌；某方肥厚长大，预示该方有获胜的希望；某方薄而短小，该方可能会失败。这种说法虽说很玄，但也并非全无道理。现代气象学认为，日晕的厚薄与风向有一定的关系，风一般会从日晕厚的一方吹向日晕薄的一方，而日晕又常常预示着下雨，日晕薄的一方进军时是迎着风雨的，战士视线受影响，进攻的速度和威力也会大打折扣；相反，日晕厚的一方顺风而进，威猛有加，获胜的几率必然增加。可见，古人打仗时常常夜观天象，确实是有一定道理的。

图1. 甲骨文中的“星”“斗”“虹”“晕”

（王立军 张翼飞）

汉字构形与古代地理

在我国悠久的历史长河中，地理文化一直闪耀着熠熠光辉。从《山海经》到《尚书·禹贡》，从《汉书·地理志》到《水经注》，无不显现出先贤探索地理文化的艰辛，寄托着他们认知自然的渴望，给我们留下了丰富的地理知识。这些地理知识在古老的汉字字形中也得到了一定的体现，通过对汉字构形的考察，我们也可以获取古代地理文化的一些信息。

"地理"一词最早出现在《周易·系辞上》，原文为"仰以观于天文，俯以察于地理"。"地理"也就是地之理，是指一个地区山川地貌等自然环境的总况。"地"是承载万物、孕育生命的所在，这一点古人早就有过明确的表述。如许慎《说文》："地，元气初分，轻清阳为天，重浊阴为地，万物所陈列也。"刘熙《释名》："地者，底也，其体底下载万物也。"但对于"地"字最初究竟是怎么写的，却存在着一些分歧。有人根据"天"字的造字方法推测，"地"最初不应该是"从土也声"的形声字，因为"天"是"从一、大"，"大"是正面的人形，上面的“一”正好代表人头上的“天”，古文字作，那么，“地”就应该是在人形下面加一横，写作才对，而这个形体与“立”的古文形体、颇为相似，于是，有的学者认为“立”字就是古“地”字。这样的说法还缺乏足够的语料来证明。

“地理”的“理”是一个形声字。其中的“王”字旁实际上是“玉”的最初形体。在小篆中，玉石的“玉”和国王的“王”字形都是三横一竖，唯一的区别就在于“玉”中间的一横居中，而“王”中间的一横偏上。后来为了加以区别，表示玉石时在字的右下方添加一点作“玉”。但当“玉”充当一个字的左边部件时，仍然写作“王”。《说文》：“理，治玉也。”治玉就是加工玉石。《韩非子·和氏》：“王乃使玉人理其璞而得宝焉，遂命曰‘和氏之璧’。”加工玉石要根据“玉”的纹理，所以“理”又有“纹理”之义，地理之“理”取的正是这个“纹理”义。“天文”是天的纹理，“地理”则是地的纹理,也就是山陵川泽的分布与地势的走向。

山和水是地理系统中两个最重要的物象。“山”甲骨文作、、等，金文作、、、等，《说文》小篆作，其造字方法是象形无疑，象山峰并立之形。《说文》：“山，宣也。宣气散，生万物，有石而高。象形。”“山”的古文字构形以三座山峰居多，也有多于三座的，但这并不影响其所表达的意义。“三”在古代汉语中有“多”的意义，写作三座山，还是五座山，都是取其山峰林立的意思。古人对山的感情非

常深，喜欢背山而居，讲究“靠山吃山”。大山可以提供耕地种植谷物，也会直接带给人类食物，山上的野兽、野禽、野果可以拿来充饥，动物的皮毛可以用来缝制衣服。当人类进入新石器时代后，摆脱了“茹毛饮血”的野蛮生活状态，开始用火烘烤食物，但他们没有天然气，没有电，也没有煤，生火做饭所用的木柴，也都来自大山。可见大山带给人类的资源非常丰富，是人类赖以生存的无尽宝藏。所以《说文》把“山”解释成“宣也”，进一步解释成“宣气散，生万物”。“宣”有“宽广”之义，现在我们说“宣传”，其目的就是让消息传播得更广阔，让更多人知道。山的作用正是使气息散播得更广，使万物得以生长，造福于人类。刘熙《释名》“山，产也，产生万物”，说的也正是这层意思。

“丘”《说文》作丠，上面是“北”，下面一横代表地平面，解释为“土之高也，非人所为也”，正可以看出山以石为主，丘以土为主的特征。《说文》对“丘”还有另外一种解释：“一曰，四方高中央下为丘。”其实“丘”是个象形字，“丘”甲骨文写作、、等，金文写作、、等，字形上正体现了中间低四周高的特征。金文中“丘”出现了的写法，字形上部越来越接近于“北”。到了小篆中，整个字干脆就写成了丠，变成从“北”从“一”。许慎由于时代所限，没有看到更古的字形，只好根据当时的小篆字形来解释，认为“一，地也；人居在丘南，故从北”，虽然这种解释不符合“丘”的最

初构形理据，但也道出了古人居所喜欢“背山面水”“坐北朝南”的一些普遍特点。

古人喜欢向阳而居，向阳之处正是“山南水北”，于是就产生了“阴阳”的概念。“人居丘南”正是阳面，那么丘的北面就是阴面，不适合居住。这是人类在漫长的生活实践中总结出来的经验，这些经验在汉字构形中得到了较多的反映。“阴阳”二字繁体作“陰陽”，都是形声字，右部为声旁，左部同为“阝”。“阝”是个部首，是山阜的“阜”的变形。“阜”《说文》解释为“大陆，山无石者”，这正与“丘”的特征十分相似。甲骨文“阜”写作、、、、等形体，小篆规整为，如果我们把甲骨文的第五个形体顺时针转90度的话，正好像一个“山”字，如果把第四个形体也顺时针转90度，正好就是“丘”字，其余的字形只是由于书写的原因造成形体不同而已。据此，我们知道“阴阳”二字左边所从的“阜”字与“山、丘”义近，也可以代表适合人类居住的地方。刘熙《释名》给我们沟通了它们的关系：“土山曰阜；阜，厚也，言高厚也。”“阜”正好是非常肥沃的山体，它的南面叫作“阳”，它的北面叫作“阴”，所以有“山南为阳，山北为阴”的说法。这样，“阴阳”二字之所以左边从“阜”也就好理解了。抛开繁体字的阴阳，但就简体字来说也很有意思。其实，简体字的“阴阳”很早就出现了，它们的造字方法都属于会意字，“阳”是阳光能照到的地方，所以从“日”；阴是没有阳光的地方，从“月”正好能代表晚上没有日光。

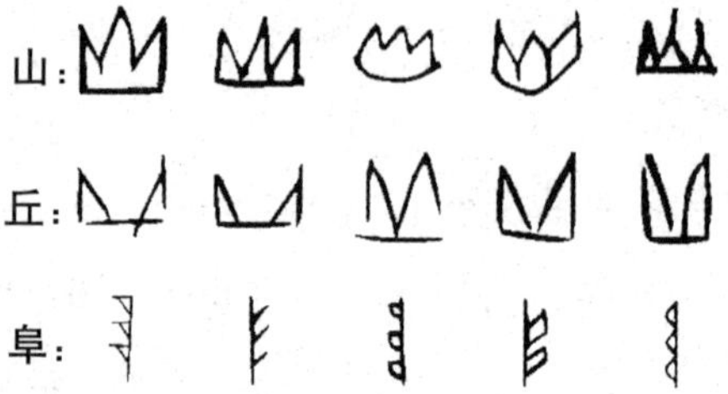

图1. 甲骨文中的“山”“丘”“阜”

以上是“山”的系列，我们再看“水”。水是各种河流、湖泊、海洋的通称。没有山，人类便没有食物；没有水，人类同样无法生存。“水”本来是个象形字，甲骨文写作、、、等形，金文写作、等形，到了小篆变成，线条规整均匀，但字形的取意并未发生变化。许慎《说文》认为：“水，准也，北方之行。象众水并流，中有微阳之气也。”这是从阴阳五行角度来解释水的。段玉裁《说文解字注》进一步解释说：“火外阳内阴，水外阴内阳。”这需要结合八卦的卦象来理解。在八卦中，“坎”卦代表自然界中的水，用符号☵表示，中间是一阳爻，两侧都是阴爻，所以说水是“外阴内阳”。甚至有人根据“水”字的古文字字形与“坎”卦的符号☵相似，就推测说汉字可能起源于八卦，这完全是颠倒历史的错误说法，因为八卦的起源要比汉字起源晚得多。其实，甲骨文的形体已经很清楚地体现出“水”字的象形特点：有的中间有一条纵向的曲线，有的却有两条；周围有四个点的，也有三个和六个的，可见，最初造字的意图只是画出水的形体，中间的曲线代表水流，四周的点代表水波或者水花，字形本身是非常形象的，确实是象水流动之形，并没有许慎想象的那样复杂。

自然界的液体水有两种存在方式，一种在地下，我们称之为地下水，泉水、井水就是地下水；一种在地上，我们很容易看见，江河湖海就属于这一类。中国古人饮用的水大多取自河流，但古代“江、河”属于专属名词，只代表“长江、黄河”，河流的总称叫作“川”，《论语》中就有“子在川上曰：逝者如斯夫”的名句。川的字形古今变化也不大，甲骨文有、、等形体，金文有、等形体，到了小篆变为规整的，与隶楷阶段的字形已经非常接近了。从最初的甲骨文形体看，两侧的曲线代表堤岸，中间的点、线代表水流，非常形象。

与“川”字相关的有个“州”字，这个字可以很好地把陆地与河流联系在一起。“州”甲骨文写作、、等形，金文作、、等形，小篆变为，由中间的一个圆圈，变成三个圆圈。不管是一个还是三个，它们的构意是非常明确的，它的意义指向就是中间的圆圈，即“水中的陆地”。许慎《说文》：“水中可居曰州。”《诗经》中就有“关关雎鸠，在河之洲”的句子。传说尧时遭遇洪水，百姓到水中高地居住，形成九州，人们后来用“九州”指代整个国家，陆游也有诗云：“死去元知万事空，但悲不见九州同。”后来“州”字又引申出“州县”之义，作为国家的行政单位的称呼，如现在的“广州、泉州、福州、温

州”就是古代州县名称的沿用。为了区别“州县”和“水中陆地”这两个意义，人们便造了加三点水的“洲”字，专门表示“水中陆地”的意义。

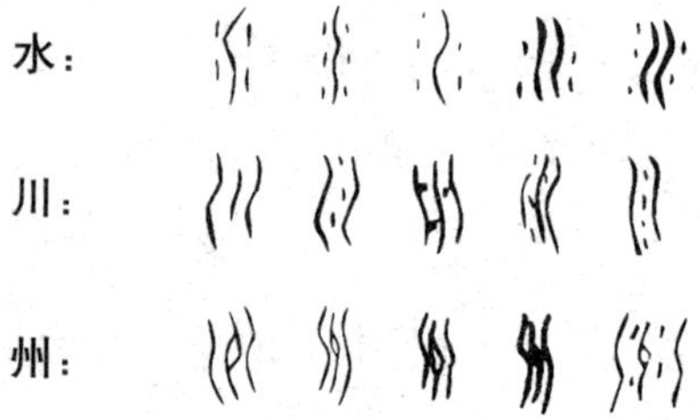

图2. 甲骨文中的“水”“川”“州”

汉字的字形，以非常形象的方式，将古人对地理现象的认识探索保存下来，传承下去，成为中华民族古老智慧的真实见证。

（温英明 王广济）

汉字构形与古代神灵

人类的成长过程，始终伴随着威力无比的自然力量。这神奇的力量，在给人类带来幸福的同时，也带来了巨大的灾难。特别是我们的先民们，由于自身力量的弱小，以及对自然界认识的缺乏，他们对无形的难以捉摸的自然之力几乎没有什么抵御能力，由心生畏惧，进而顶礼膜拜。一切超乎人力的大自然的力量，在先民的精神世界中都逐渐被神化，从而形成了一个凌驾于人类社会之上的神的世界。在一切自然现象当中，对人震撼最大的，莫过于声色俱厉的雷电。《周易·说卦》：“动万物者，莫疾乎雷。”意思是说，能够震动万物的，没有比雷电更猛烈的了。这样，雷电便成了最早被神化的自然力量，并被用来作为众神的称谓。这一点，在汉字字形当中可以得到很好的证明。

我们现在所使用的雷电的“电”字，是由“申”字演变过来的。而“申”字加上“示”字旁就是“神”。我们看一下“申”字在甲骨文中的写法：，这些字形以一个曲折的线条为主体，左右分别有一条曲线蜿蜒伸展而出，线条

或长或短，方向或左或右，正像闪电随意撕裂、伸缩不定的样子。古文字学家商承祚在《字说》一文中解释道：“其形式左申（即“伸”字）右曲无定状，以形言乃电字，以义乃神字，此字殆兼二说二义也。……初民浑噩，穴居野处，或不能蔽风雨。一旦迅雷风烈，触电而死，电降自天，见而畏之，乃以为神，遂谓为神，此原始人之心理也。”从商承祚的这段分析，我们可以看出“申”“伸”“电”“神”几字之间的关系，它们其实本来就是一个字：“申”的甲骨文字形摹画的是闪电的形象，因此其最初的意义应该是雷电的电；由于闪电的形状是由电光四处延伸而成，所以又可以表示延伸的伸；又由于人们畏惧闪电，视之为神，所以又可以表示神灵的神。后来，这个字除了表示上述意义之外，还被借去表示天干地支中“申酉戌亥”的“申”。这些意义最初都写作（“申”），这样，一个“申”字同时承担了好几个意义，在使用过程中很容易产生混淆。为了减轻“申”字的负担，后来人们就给其中的一些义项分别造了专用字：表示神灵的意思时，增加“示”字旁作“神”；表示伸展的意思时，增加“人”字旁作“伸”；表示雷电的意思时，增加“雨”字头作“電”(即“电”字的繁体)，同时将部件“申”中的一竖改成了竖弯钩，以便与“申”字相区别，后来简化时又把“電”的“雨”字头去掉了，这就成了现在的“电”字；表示天干地支的意思时，形体不变，仍作“申”。这几个字的关系，如果用家族关系打比方的话，字形就是这个家族的共同祖宗，

“神”“伸”“電（电）”就是由同一祖宗繁衍出来的子孙后代。其繁衍分化的轨迹可以用下图表示：

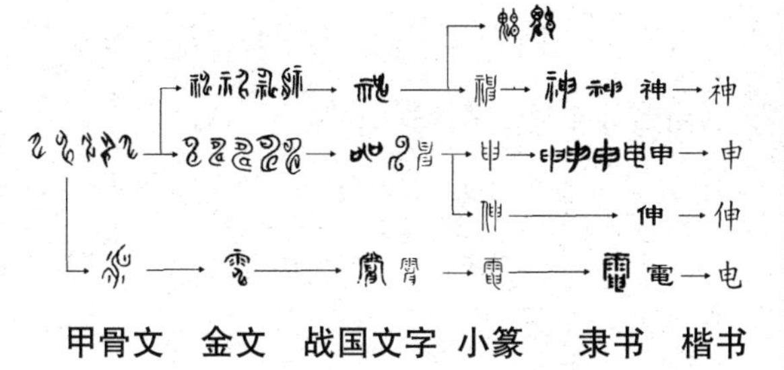

图1. “申”系字族谱系图

通过上图我们可以清楚地看到，神灵的“神”和雷电的“电”确实有着共同的字源，这就说明，起码在造字的时代，人们仍然把雷电看作是众神的代表，人们称呼神灵和称呼雷电用的是同一个名称，写的是同一个字形，足见雷电之神在当时人们心目中的重要地位。如今，生活在四川、云南一带的彝族，仍然把他们的雷电之神“阿都陆普”奉为“祖神”，就是一个鲜活的例证。

雷电本来是同一种自然现象，但由于雷电所产生的声音和光亮传输的速度不同，给人的感觉就像前后相随的两种现象，于是，先民认为，在电神之外，还有一个与之相伴的雷神。关于雷神的形象，《山海经·海内东经》记载道：“雷泽中有雷神，龙身而人头，鼓其腹。”（这里的“鼓”是动词，表示敲打的意思）雷神身子像龙，头像人，他经常敲打自己的肚子，发出轰轰隆隆的声音。按照屈原《离骚》的记载，当时的楚国称雷神为“丰隆”。由于古代没有唇齿音f，“丰”和“轰”当时的读音完全相同，所以“丰隆”其实就是轰轰隆隆的“轰隆”。这说明，楚国人给雷神命名的依据就是雷的声音。

雷神究竟是如何发出那巨大的声音的，《山海经》的上述说法并不具有代表性。比较典型的传说有两个，一是雷神驾车的声音，一是雷神敲打连鼓的声音。关于雷神驾车的传说，文献中有不少记载：《淮南子·原道训》：“电以为鞭策，雷以为车轮。”《焦氏易林》：“白日阳光，雷车避藏。”唐代的《酉阳杂俎》一书还记述，唐代元和年间的一天夜里，在建州山中的寺庙里，有人半夜听到门外喧闹，于是起身到窗前观看，只见数人正用斧子制造雷车，雷车的形状就像人们写的“雷”字一样。宋代邵博的《泊云安下大风骤雨作柏梁体一篇》也提到了雷车：“空中铲辘鸣雷车，枞枞白雨悬乱麻。”元代方夔的《立冬前后大雷电》更是记录了为雷神驾车的女神名字叫阿香。可见雷神驾雷车的传说在民间影响很大。古时候人们使用的是木轮车，这种车今天在某些地方仍然能够看到。木轮车转动的时候，由于车轮与地面、车轮与车轴的摩擦力都很大，走起来就会发出轰轰隆隆的声音，于是，人们就想象，天上打雷的声音也应该是雷神驾着木轮车从天上经过吧，这应该说是一种很自然的联想。

关于雷神敲打连鼓的传说，也有不少记述。东汉王充《论衡·雷虚》说：“图画之工图雷之状，累累如连鼓之形。又图一人，若力士之容，谓之雷公，使之左手引连鼓，右手推椎，若击之状。其意以为雷声隆隆者，连鼓相扣击之音也；其魄然若敝裂者，椎所击之声也；其杀人也，引连鼓相椎，并击之矣。”这段话中把雷神称作雷公，大意是说：绘画的工匠描画雷的形状，一个接着一个，就像连在一起的鼓的样子。又画了一个人，就像一位大力士的相貌，称他为雷公，让他左手拉着连在一起的鼓，右手举着槌，像要击鼓的样子。画成这个样子是为了表示：隆隆的雷声，就是连在一起的鼓相互扣击的声音；那巨大的霹雳声，就是雷公用槌敲鼓的声音；雷劈死人，是雷公拉着连鼓、举着槌，向人撞击造成的。根据考古发现，甘肃敦煌藏经洞所藏的唐代《佛传图》中，确实有雷公旋转击打连鼓的图像，图中的“连鼓”在雷公周围环绕成圆圈，鼓与鼓之间有索带之类相连接。四川大足发现的宋代摩崖《雷音图》中，雷公的形象也是一手执鼓槌，周围有连鼓环绕。可见，这种传说的影响面也很广。

那么，上述两种传说究竟哪一种更早一些呢？我们通过对“雷”字的字形分析，就可以找到答案。前面已经提到，唐代人制造的雷车，就像人们写的“雷”字一样。“雷”字在甲骨文中的形体主要有、、、、等，这些字形都是在的基础上增添、、之类的符号。许多学者都把这些符号解释为象连鼓之形，我们觉得这种解释难以成立，且不说这些符号之间并没有相连之处，而且符号本身也与鼓形相去甚远。甲骨文的

“鼓”字写作，即使省略，也不可能变成、、之形。于省吾则认为，、、都象雨滴之形。我们认为，说是较大的雨滴，是雨滴的变形，也许还有一定的道理，但说也像雨滴，这就很难讲通了，无论怎么变，雨滴都不太可能写成的形状。其实，我们看一下“车”的甲骨文字形就明白了，“车”字甲骨文作、、、，其中车轮的形状正作，或省作。这样看来，上面几个“雷”字中的、，原来都是象车轮之形。至于这种形体，应该是的变形。这说明，在甲骨文时代，雷公驾车的传说就已经开始流行了。到了西周金文时期，“雷”的字形发生了明显的变化，出现了诸如、、、之类的写法，这些写法应该是受了连鼓之说的影响，在与之间增加了连接线，以象连鼓之形。从这些字形的先后变化来看，雷神敲打连鼓的传说，产生的年代要相对晚一些。

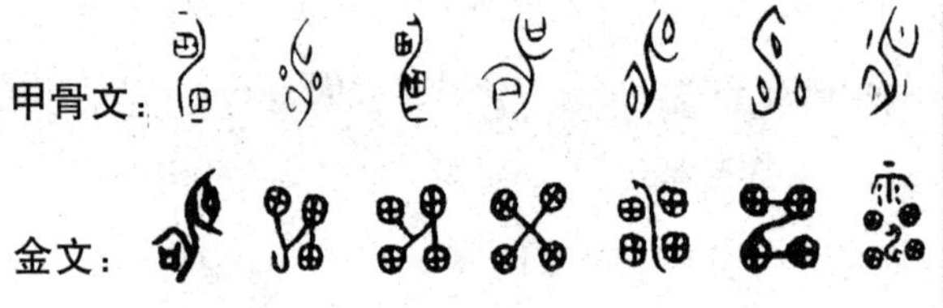

图2．甲骨文、金文中的“雷”

雷神的观念形成之后，雷神便与闪电之神有了明确的分工：雷神专司打雷，电神专管闪电。汉代时雷神称雷公，电神称电父，说明当时的雷神和电神都是男性的。到了晋代，傅玄《云申歌》所写的“童女掣电策，童男挽雷车”，似乎已经透露出电神性别变化的开始。大约到了唐代，这位“掣电策”的童女正式演化为“电母”，电神的性别变化最终完成。唐崔致远《补安南录异图记》一文中所说的“然后使电母雷公，凿外域朝天之路”，就是证明。本来，雷电之神是最早出现的自然之神，是大自然无穷威力的代表，在先民心目中是至高无上的，但随着雷公、电母的职责分工，以及雨师、风伯及其他诸神的出现，人们又在他们的上面构拟出一个统领众神的“天帝”，一个模拟人类社会而构建的神的社会体系逐渐形成，雷公、电母也便分别成为这个庞大体系中的两个专门职位了。

（王立军）

汉字构形与古代崇祖观念

古人认为：“万物本乎天，人本乎祖。”（《礼记·郊特牲》）所以，古人既敬神，也敬祖。世界上一些历史悠久的民族，大都有过祖先崇拜的经历。特别是中华民族，更是早在原始社会时期，就已经产生了浓厚的崇祖观念。到了西周时期，宗法制度的形成，使得对祖先的崇敬成为当时核心的价值观，成为维系当时社会政治的重要伦理原则。后来，在儒家的倡导下，在统治阶层的鼓励下，在中国特殊的地理和人文环境的影响下，崇祖观念一直贯穿于中华民族的整个历史之中，绵延几千年，经久不衰，成为中华民族传统文化的重要特征之一。如此重要的文化事项，无疑也会在汉字构形中打下深深的烙印。

祖先的“祖”字，最初并没有“示”字旁，写作“且”。“且”本来没有“而且”的意思。汉语中虚词的意义，很多是从实词虚化而来的，或者是通过假借的方式产生的。如“而且”的“而”本来是个象形字，像下巴下面的胡须的形状，甲骨文作，后来被借去表示虚词“而且”“然而”等意思，原来的意思

转而由其他字表示。“且”的情况跟“而”很相似，“且”本来是祖先的意思，后来被借去表示“而且”“并且”“尚且”等意思，其祖先的意义便另外造了个“祖”字来表示。因为祖先和祭祀、神灵有关系，所以增加了“示”字旁。

那么，“且”字原来为什么可以表示祖先的意思呢？关于这个问题，大家的说法并不一致。《说文》的解释是：“且，荐也。”这里所说的“荐”，是“垫”的意思，指切肉时垫在下面的木板，现在叫案板、砧板，古代叫俎。如《史记·项羽本纪》：“人方为刀俎，我为鱼肉。”王国维等人据此认为，“且”就是“俎”字，其字形或者只象砧板之形，作；或者在砧板上再添加两块肉，作。最初“俎”是日常使用的器具，后来逐渐由切肉的工具演变为放置肉的工具，成为祭祀时的一种必备的礼器。“豆”也是一种盛放祭祀用品的礼器，所以古代常把祭祀之事称作“俎豆之事”，如《论语·卫灵公》记载，孔子在卫国，卫灵公问孔子如何摆阵，孔子说：“俎豆之事，则尝闻之矣；军旅之事，未之学也。”这里的“俎豆之事”就是指祭祀的事情。“俎豆”可以作为祭祀的代称，祭祀的对象——祖先，也就同样可以用祭祀的礼器“且”来表示了。徐中舒《甲骨文字典》也采用了这种说法：“古置肉于俎上以祭祀祖先，故称祖先为且，后起字为祖。”

还有不少人认为，“且”之所以可以表示祖先，与原始社会的生殖崇拜有关。其中最有代表性的人物是郭沫若。郭沫若在《甲骨文字研究·释祖妣》一文中提出，甲骨文中的“且”（“祖”）、“匕”（“妣”）二字，其实就是表示动物雌雄的“牝”“牡”。“且”象雄性动物的生殖器之形，本作，省作；“匕”本来象汤匙之形，由于雌性动物的生殖器与汤匙相似，故用来作比。最初，如果是公牛，就写作；如果是公羊，就写作；如果是公猪，就写作；如果是公鹿，就写作。后来不管是牛羊犬猪马鹿，以至于人，只要是雄性的，都统一写作。由于古时候人的力量弱小，需要靠集体的力量，才能与野兽、自然界及其他部族抗争，人多力量大，繁殖人口成了部族生存的重要因素。谁生得多，谁在部族当中就会拥有较高的地位。于是，人的生殖能力就成为人们推崇的对象，生殖崇拜习俗因此而生。后来，普遍意义的生殖崇拜逐渐缩小，演化为只对与自已有血缘关系的祖先的崇拜，这样，本来像生殖器的“且”字，也便成为祖先的称呼。持这种观点的人列举了不少古代生殖崇拜的例子，而且在现在的一些民间习俗中也不难找到类似的踪迹。

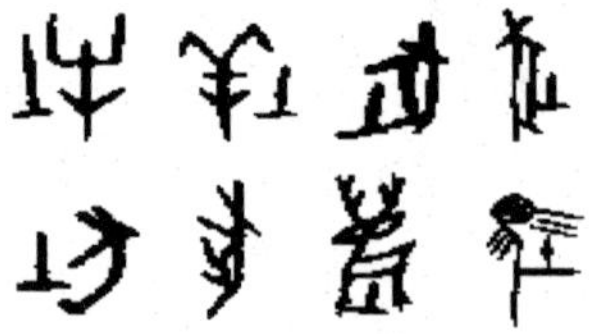

图1. 古文字中的雄性动物——牡

图2．古文字中的雌性动物——牝

但是，也有不少人强烈反对这种说法。如詹鄞鑫在《神灵与祭祀》一书中说：在郭沫若等人的说法的影响下，过去人们都把原始民族生殖崇拜的偶像称之为“祖”，其实，在原始社会中生殖崇拜与祖先崇拜是毫不相干的，祖先神绝不可能来源于牡器崇拜，把雄性生殖器的偶物（即木刻的或陶制的雄性生殖器模样）称为“祖”也是毫无道理的。詹鄞鑫进一步提出，“祖”的本义应是祖先神灵所依附的神主，在仰韶文化中通常以陶罐或陶罐偶像（即陶罐形的人像）的形式出现。詹鄞鑫的这种说法很有启发意义，而且也可以在汉字字形中找到证据。所谓神主，就是“神之所凭依”（范宁《〈春秋穀梁传〉集解》）。“神主”是神的代表，神的化身，神所依附的载体，其作用相当于后来的祖先牌位。如《春秋·文公二年》：“丁丑，作僖公主。”就是说，在鲁文公二年二月的丁丑日，为鲁僖公制作了神主。古人讲究“祭神如神在”，即祭祀神灵祖先的时候，就像神灵祖先站在自己的面前一样。为了达到这种效果，古人需要有一种具体的东西作为祖先灵魂的依附。在文字产生之前，祖先牌位是不可能出现的。那么，古人供奉祖先时拿什么作为祖先的象征呢？现代考古材料证明，在半坡等原始社会时期，人们曾经大量采用“陶葬”的方法，即人死之后，把人的骸骨装入陶罐中埋葬。这种习俗在现在的一些少数民族地区尚有遗存。正是由于陶罐可以用作埋葬先人的器具，用陶罐作为祖先的象征也就很自然了。根据考古发现，黄河流域的仰韶文化遗址中确实有不少制作成人形的陶罐，其中有些陶罐应该就是当时人制作的祖先“神主”。

从甲骨文的字形来看，古代用来盛酒的陶罐的象形字写作、（不带盖的）。我们如果把这些字形颠倒过来，不正是甲骨文的“且”字吗？古文字字形和出土文物都表明，当时的陶罐是尖底的，在地上放置时，可以插入松软的土中，十分稳当。但要把陶罐摆在祭坛上，就只能尖底朝上了，所以，甲骨文的“且”正像尖底朝上的陶罐的形象。这种形象的陶罐，已经由实用的器具演化为象征祖先的神主了。

此外，“鬼”字也可以作为这一说法的有力证据。《说文》：“人所归为鬼。从人，像鬼头。”《说文》的解释有两点不好明白，一是“人所归”为什么是“鬼”？一是“像鬼头”到底是什么样子？关于前一个问题，我们可以从现代民俗中找到答案。我国凉山彝族有这样一种礼俗，人死之后一年或数年之内，要举行隆重的“尼木措毕”仪式，即送灵归祖仪式，这种仪式在彝族人的心里是极其神圣的。彝族人认为，人死后灵魂要回到祖源地，同祖先一起享受幸福的生活。亡灵不知道从人间回到祖源地的路，必须由毕摩（彝族的祭师）举行仪式进行引导，为亡灵解除各种劳累病苦，教会他们在祖源地生活的技能，以便让他们回到祖源地能够幸福地生活，这就是“尼木措毕”。纳西族的丧礼中也有类似的内容，如纳西族的丧仪挽歌《梦咨》这样唱道：人死“送到北方去”，“北方是故土，逝者不转来”。这里的“故土”就是指祖先居住地，纳西族的人去世以后，也是要送到祖源地的。上述两个民族的习俗，都反映出“人死归祖”的宗教理念。由此可见，所谓的“人所归”，原来是指人死后要去归依祖先，而不是像通常所说的那样，人死后灵魂归天。这样看来，古人心目中所谓的“鬼”，并不是后来传说中面目狰狞的阴魂，而是归依祖先、并将成为后人供奉对象的先人。因此，“鬼”和“祖”之间实际上有着密切的关系。

关于第二个问题，我们需要通过汉字字形去分析。“鬼”小篆作，甲骨文作等。《说文》解释说像鬼头，是由于小篆“鬼”的上部已经变形，许慎已经看不出像什么了，只好说是像鬼头。其实，“鬼”的上部正是小篆（“囟”）的变形。《说文》：“囟，头会，脑盖也。象形。”所谓头会，就是头盖骨的会合处。婴儿的头盖上有一块是软的，就是因为头盖骨还没有合严。古人认为，人头上的缝隙，是人的灵魂出入的通道。所以，仰韶文化遗址出土的偶像，几乎都是以陶罐为身，上部作大人头形，头顶上有一小孔。过去一直没有人理解小孔的象征意义，其实那就是所谓“灵魂出窍”的“窍”。由此看来，“鬼”的字形，并不是《说文》所说的“大头鬼”，而是大头陶偶的样

子。这种大头陶偶，就是去世的先人的象征。既然鬼也是先人，也应该享受祭祀，所以甲骨文的“鬼”字还可以写作，旁边也摆放了祭坛和供品。鬼也可以成神，所以“神”字又可以写作“魋”。更有意思的是，“鬼”在甲骨文中还有从（陶罐）的写法，如等（见图3），这进一步印证了祖先和陶罐的密切关系。陶罐由盛东西的日用工具，发展为埋葬死者的器具，再发展为陶罐形的先人偶像，最终抽象为祖先的神主，这一发展脉络是比较清晰的。

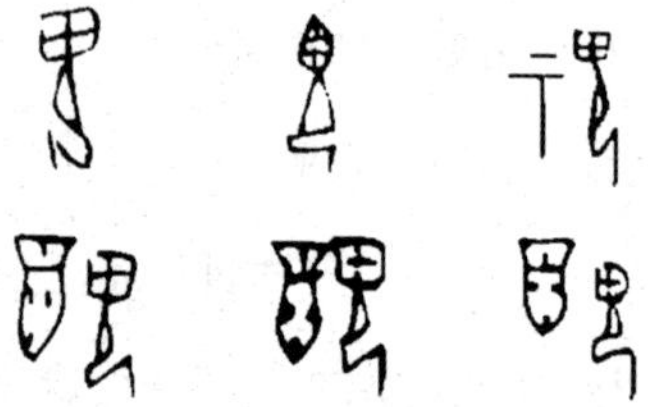

图3. 甲骨文中的“鬼”

（王立军）

汉字构形与古代占卜

在汉字产生的初期，社会生产力很不发达，人们对自然界的认识还十分贫乏，很多自然现象既难以抗拒，又无法解释，当时人相信，有一种无比强大的力量在左右着人间的一切，这便是神。人们很想与神进行交流，了解神的旨意，以便在神的指引下预知未来，趋吉避凶，而与神进行交流的方式就是占卜。汉字在这样的社会背景下产生和发展，也就不可避免地与占卜发生了千丝万缕的联系，从而被蒙上一层神秘的面纱。

现存最早成体系的汉字甲骨文，主要内容就是对商代占卜活动的记录。而且其中有些汉字的构形，就是直接取象于当时的龟甲占卜法。除了前面在《汉字发展的文化解读》一节中讲过的“卜”字之外，还有“兆”“占”等。“卜”是灼烤龟甲时出现的裂缝的形象，不同的样式代表着神的不同的旨意，占卜者就是根据这些裂缝来领会神的旨意。而“兆”“占”二字也都与这些裂缝的纹路有关。著名甲骨学家董作宾指出，“兆”字的甲骨文字形，显然是一个由若干条龟甲裂纹组成的图形。唐代贾公彦在注《周礼·占人》时，则对“兆”字中各个方向的裂纹都赋予了五行的属性：“其兆直上向背者为木兆，直下向足者为水兆，邪向背者为火兆，邪向下者为金兆，横者为土兆。”这种解释已经是将后来的阴阳五行观念融入其中了，在殷商时期朴素的龟甲卜法中，还不可能有如此复杂的寓意。但不管当时的寓意是简单还是复杂，都必须由占卜者去认真地分析领会，然后用言语或者文字表达出来，这样一个过程就叫作“占”。“占”字从口从卜，正是表示要用口把卜兆所蕴涵的意义说出来。《说文》：“占，视兆问也。”也就是说，占卜者审视兆纹，询问神灵的旨意是否像他所理解的那样。当时人们就是用这种方式与神进行沟通的。

古代除用龟甲占卜法之外，还有一种取材更为方便的筮占法，即用蓍草进行占卜。据说这是一种“百茎共一根”的神草，与神龟一样具有灵性，因此可以用来作为占卜的材料。筮占法的具体操作过程比较复杂，简单地说这是一种利用蓍草数量的奇偶进行占卜的方法。一般认为是用50根蓍草，经过多次的分取，看最后手中所余之数是奇是偶，如此运作三次，即可得出三个数字。然后，占卜者根据三个数的奇偶及其先后次序，来判断所卜之事的吉凶。用奇偶两种数字，每三个为一组进行排列组合，只可能有八种结果：奇奇奇、偶偶偶、偶偶奇、奇奇偶、偶奇偶、奇偶奇、奇偶偶、偶奇奇，这就是所谓的八卦。

我们现在所看到的八卦，是用一长横和两短横分别表示阳爻（奇数）和阴爻（偶数）的，但新发现的出土资料表明，早期八卦的每一个卦爻都是具体的数目字。由此可见，筮占法与数字计算存在着密切的关系，这种方法所用的“蓍草”很可能就是当时的计算工具算筹。唐兰先生曾在《中国文字学》中说：“八卦的一画（指画成八卦阳爻的横画）和一字的一画，很难区别，所以即使它们本身不是文字，也常被认为是文字所取材的一种形象。可是，照我的意见，八卦的起源，是用算筹（卜算子）来布成爻，古文‘学’字，也就象两手布爻的形状。”的确，图1这组甲骨文的“学”字，正象两只手摆弄算筹之形，其中的“×”就是数字“五”，“亽”就是数字“六”。有的只摆了一个“×”或“亽”，有的则摆成了“×”和“亽”的组合。如果摆成了两个“×”，就组成了甲骨文的“爻”字。甲骨文的“教”（图2）也与布爻有关，其构形就像有人手持算筹，教小孩布爻的场景。至于这种场景中孩子们到底是在学习算数，还是在学习摆卦，恐怕现在已经很难去推究了。

图1. 甲骨文的“学”

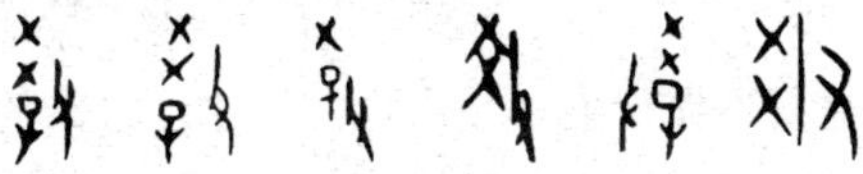

图2. 甲骨文的“教”

从汉代开始，就有人将八卦和汉字的起源联系起来。许慎《说文·叙》说："古者庖羲氏之王天下也，仰则观象于天，俯则观法于地，视鸟兽之文与地之宜，近取诸身，远取诸物，于是始作易八卦，以垂宪象。及神农氏结绳为治而统其事，庶业其繁，饰伪萌生。黄帝之史仓颉见鸟兽蹄迒之迹，知分理之可相别异也，初造书契。"许慎认为，在"仓颉造字"之前，先有八卦，但他并没有明言八卦为汉字之源。而汉人所作的《易纬·乾凿度》一书则认为，八卦的卦象就是"天""地""火""水""风""雷""山""泽"八个字的古文。近代小学家刘师培在《小学发微》中做出了更加明确的论断："大约《易经》六十四卦，为文字之祖。"直到现在，仍然有人坚持这种观点，说八卦与文字的关系很密切，如八卦的一个阳爻即演变为汉字"一"，两个阳爻即演变为汉字"二"，三个阳爻即演变为汉字"三"。从八卦的起源和发展来看，这种观点显然是站不住脚的。我们不能因为"爻""教""学"等字取象于布爻的场景，就认为汉字起源于八卦。

上述两种占卜方法都是与古文字发生某种联系的，汉字进入今文字阶段以后，又出现了一种以今文字形体为基础的新的占卜方法——测字。测字术大致起源于汉代，当时人们使用的是隶书字形，他们不懂得隶书是由古文字演变过来的，而是按照隶书的字形去说解字义，于是便出现了"止戈为武""虫皿为蛊""马头人为长"等带有主观臆测性的解释。测字术的产生正是在这类解释中得到了启发。占卜者根据占卜的需要，对隶楷字形进行部件拆分，用拆出的部件的意义组合，去附会问卜人的命运。例如，明朝末年，李自成起义，兵势非常浩大，大明江山摇摇欲坠。当时的崇祯皇帝对自己的前途深感忧虑。一天，他在街上看到一个算命先生在测字，听说这位算命先生测得非常准，崇祯皇帝就想让算命先生测一下大明的江山。他说："帮我测一个'朋友'的'友'字吧。"测字先生说："这个'朋友'的'友'，非常不好。"崇祯皇帝忙问为何不好，那人回答说："你问的是江山社稷的事。'友'字是'造反'的'反'字出头，而且是左边也出头，上边也出头。反王要到处出头，说明你大明的江山难保了。"崇祯皇帝听了很害怕，连忙说："那我不测这个'朋友'的'友'，我想测一个'有没有'的'有'。"算命先生说："这个字也不好。'有没有'的'有'，左上边是大明的'大'，少了一捺；下边是个'月'字，相当于'明'少了左边的'日'。所以，从这个'有没有'的'有'字来看，大明的江山已经去了一半了。"这时崇祯皇帝更害怕了，说："这个字我也不测了。我想测一个'申酉戌亥'的'酉'字。"算命先生看了看这个字后，说："这个字，我不敢测。"崇祯皇帝说："为什么不敢测呢？"他说："这个字，我若说出来，恐怕我性命难保啊！"崇祯皇帝说："没关系，你只管说吧。"那人迟疑了一下，说："这个'酉'字，是尊敬的'尊'，上面没有两点，下边没有'寸'。皇上是至尊，这个'尊'字上面没有头，下面没有脚。看来，皇上的未来很不妙哇！”崇祯皇帝听后，慌忙回宫去了。不久，李自成攻入北京城，崇祯皇帝无奈吊死在煤山上。

这种测字的做法，看起来就如同文字游戏一般，但在文字只被少数人所掌握的年代里，普通百姓对测字术确实是心怀敬畏的。测字术在唐代走向成熟，当时测字的一些基本方法大都已经出现，再加上一些上层统治者的重视，对测字术的发展起到了推波助澜的作用。北宋时期，测字术开始进一步理论化，易学家邵雍的《五行六神贞诀》，将测字术与阴阳五行、六神八卦等学说相融合，使测字术有了较大的发展，也将汉字的神秘色彩推向了极致。

（王立军）

汉字构形与古代祭祀

在《汉字构形与古代神灵》一节中我们提到过，在先民的心目中，天神地祇，雷公风伯，草木山川，皆有神在。为了获得神的福佑，以求趋吉避凶，人们对神极尽虔敬之心，经常奉上供品，举行仪式，表达对神的诚意。这便是早期的祭祀。作为表意文字的汉字，对古人的祭祀活动有着形象的描绘，是我们了解中国古代祭祀文化的一个重要途径。

《说文》：“祭，祭祀也。从示，以手持肉。”这就是说，“祭”就是手里拿着肉祭祀神灵的意思。“祭”字的甲骨文字形作，左边像肉（即楷书“祭”字左上角的部件），右边像手（即楷书“祭”字右上角的部件），下面的点像血滴，点的多少不一，表示刚刚宰杀的牺牲，还在滴血，就拿来祭祀，这说明当时还保持着血食的习惯。“血”字甲骨文字形作，正像祭祀时将血盛在器皿中的样子。段玉裁《说文解字注》：“古者茹毛饮血，用血报神。”古人自己吃生肉，饮鲜血，也拿生肉鲜血来祭祀神灵。久而久之，“血食”也便成了祭祀的代称。我们经常在古书中看到“社稷不血食”的说法，意思就是社稷之神得不到祭祀，象征着国家的灭亡。这种杀生血食的祭祀习俗，在中国各个历史时期都有记载，直到今天，中国部分地区还有以“血食”祭祀鬼神的做法。

当然，对于“祭”字中的点到底代表着什么，还有些不同的看法。如有人认为，点代表的不是血，而是碎肉末。古代祭祀的时候，为了方便神灵的享用，人们事先要另外准备一些切碎的肉末，撒在大块的肉上，祭祀时祭祀者左手提着肉块或盛肉的器具，右手抓取上面的肉末慢慢抛洒，好让神灵前来享用。随着祭祀的进程，肉末越来越少，就好像神在一点一点地享用一样。这有点儿类似于现在殡葬时撒纸钱的仪式，左手持斗，右手从中抓取纸钱撒向空中，口中不停地祷告，让亡灵前来拾取。《仪礼》说：“右手执肺，左手执本……绝末以祭。”这里的“本”应该是大块的祭品或盛祭品的器皿，“肺”应该是切碎的肺末，可以抓取，“绝末”就是把肉末一点一点地撒出去。从《仪礼》的这一记述来看，把“祭”字中的点解释作肉末，似乎也有一定的根据。还有人认为，“祭”左边的不是肉，而是盛酒器，手持酒器将酒倒出，以这种方式进行祭祀，点就代表从器皿里淌出的酒滴。不过，这种说法目前还找不出更多的证据。

“祭”字甲骨文还可写作、，字形中除了手、肉、血滴之外，下面增加了或，所增加的部分就是“示”字。其实，多数与祭祀或神灵有关的字，都会带上这样一个偏旁。《说文》：“示，天垂象，见吉凶，所以示人也。三垂，日月星也。

观乎天文以察时变，示神事也。”许慎对“示”字的解释，依据的是其小篆字形示。他认为，上面的两横是“上”字，“上”代表天，下垂的三笔分别代表日月星，上天用日月星所形成的不同天象，映射人间的祸福，提示人们遵照天意行事；人们则通过天象观察自然的变化，了解神的旨意。这种根据小篆字形所得出的解释，无法与“示”的甲骨文字形相切合。“示”在甲骨文中有多种写法，叶玉森《说契》说：“丅乃最初之文。上从一，象天；从丨，意谓恍惚有神自天而下，乃以丨为象征。变作工，下从一，象地，谓神自天下地也。又变作亍、𬼾，上从二，乃从一之讹。……更变作示、示，与小篆合。即许（慎）三垂日月星之说所由来，亦即近儒汉族崇拜三光之说所由推演。实则初民崇拜大自然，惟觉有神自天下降而已。‘示’本繁变之字，许君及近儒之说，并不免附会。”叶玉森批评了许慎的说解，但他自己的解释也同样有附会之嫌，把其中的“丨”解释作仿佛有神自天而降，确实显得过于玄虚。

将丅解释为神主的说法也很流行。神主大致相当于现在所供奉的神灵或祖先的牌位，古时候的神主多为一根竖立的木头，或者将几根秸秆捆在一起，外面涂上泥，以此作为神的依附，供人们祭祀供奉。但这种说法很难解释神主上面所加的一横究竟是什么含义，变成两横又是什么含义，酒或者血为什么能从神主上流淌下来，这些都还是疑问。相比较而言，我们更愿意相信另一种说法，即丅像祭坛，亍像祭坛上摆放有祭品，示、示、𥘅则像酒或血从祭坛上流淌下来，或者是祭品的碎末从祭坛上撒落，这样解释似乎可以与“祭”字中的点相印证。

图1. 甲骨文中的“祭”

我们还可以通过“祝”字的甲骨文字形（见图2）来观察T的形象。祝是祭祀时负责向神祷告的人，也指祭祀时的祷告词。其甲骨文字形正像一个人跪在地上，面向神坛向神祷告的样子。“祝”的这些字形中，有的祭坛上没有祭品，只是跪在神坛前作祷告状；有的则像伸开双手，在祭坛上摆放祭品的形状；更有的就像前面所说的左手持盛肉的器具，右手抛撒肉末的样子（如图2第一行的第4、5个字形），这说明，认为“示”字中的点是肉末的说法，在字形中也可以找到根据；而第二行第1个字形中，“示”字的四点从祭坛的两侧直接下落，又确实像液体（血或者酒）向下流淌的形象。所以我们是否可以这样推测，当时祭祀的方式并不是单一的，有的以血与肉祭，有的以酒与肉祭，有的则是“绝末以祭”，不同的造字者选取不同的方式作为字形的取象，于是便有了“示”和“祝”等字的不同写法。这种为同一个字选择不同取象的情况，在甲骨文中相当常见，如“牢”本指圈牲口的地方，有的圈牛，有的圈羊，有的圈马，于是“牢”字也就有了、、等不同的写法，这是因取象不同而给同一个字造出几个不同字形的典型例证。由此看来，关于“祭”字中的点究竟代表什么，正确答案很可能不止一个。

图2．甲骨文中的“祝”

图2中第二行的前5个“祝”字，跪着的人形上面都加上了大“口”，意在突出这个人在张着大嘴不停地祷告；最后一个字形的“口”虽然放在下面，也起着同样的作用。祷告时所说的言辞叫祝词。祝词有的是程式化的，什么时候说什么样的祝词是固定的；有的则针对不同的祭祀内容而有不同的祝词。在古代文献的记述中，有不少祝词是非常个性化的。如《尚书·金縢》记录了周公为周武王的疾病而作的祝词：周灭商后的第二年，周武王生了重病，身体不适。武王的母弟周公旦为了祈求祖先的神灵保佑武王，就把自身作为抵押，建成三座祭坛，修整祭祀的场地。又在三坛的南方筑起一座台子，周公面向北方立于台上，安放好璧，手拿着珪，向武王的曾祖、祖父和父亲祷告说：“你们的长孙（武王）患了重病，如果你们三位先王在天上有助祭的职责，就用我来代替他的身子吧！我仁厚孝顺，多才多艺，善于事奉鬼神。你们的长孙比不上我的才艺，又不会事奉鬼神，（还是让我

去帮你们助祭吧，别让他去了。让他好好地活在人间吧！）而且他在天帝那里接受了任命，获得了整个天下，因而能够使你们的子孙在人间安宁，天下的老百姓无不敬畏他。唉！不要丧失上帝降给的宝贵使命，我们的先王也就永远有所归依了。现在，我来听命于大龟，你们如准许我的祈求，我就带着璧和珪去追随你们，听候你们的命令；你们如不准许我的祈求，我就将璧和珪收藏起来，再也不向你们请求了。”于是用龟甲卜问了三次，都一致显示出吉兆。第二天，周武王的病就好了。周公旦的这段祝词的确很有特色，他为了达到代替武王去死，以便让武王继续治理天下的目的，故意在先王的神坛面前夸耀自己的本领，好让先王相中他而放回武王，这种为国家社稷牺牲自我的精神，确实令人钦佩。

在古代，祭祀是一种重要的礼制。当时有所谓的“五礼”之说，即吉礼、凶礼、军礼、宾礼、嘉礼，其中吉礼就是祭祀，被列为“五礼”之首。《礼记·祭统》说:“凡治人之道，莫急于礼；礼有五经，莫重于祭。”《左传》也说:“国之大事，在祀与戎。”祀就是祭祀，戎就是战争。只有祭祀和战争才能称得上国家大事，可见古人对于祭祀是何等的重视。从“礼”字的构形，我们也可以大致窥知古人将祭祀列为众礼之首的原因。“礼”字繁体字作“禮”，从示从豊，“豊”甲骨文作，像器皿里盛满了玉。郭沫若指出：大概“礼”就起源于祀神，故其字后来从示，其后扩展为对人，更扩展为吉、凶、军、宾、嘉的各种礼制。郭沫若的分析是很有道理的。由于祭祀是众礼之源，把它置于众礼之首也就理所应当了。周公旦向三位先王祷告时所用的璧和珪，都是当时常用的玉制的礼器，这正符合“禮（豊）”字以器皿盛玉的构形。

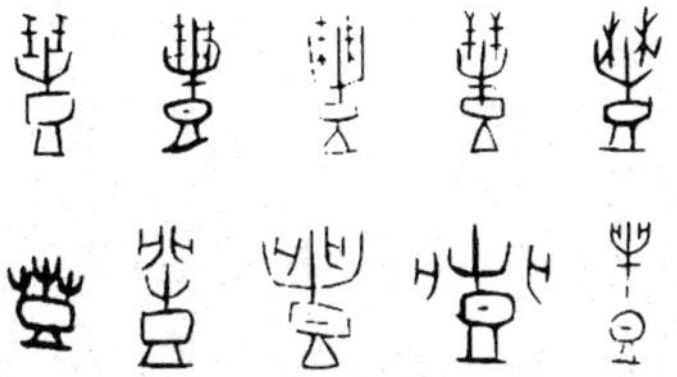

图3. 甲骨文中的“禮（豊）”

（王立军）

汉字构形与古代家庭

关于古代家庭形成的时间，大家存在着不同的认识：有人认为，有了人类社会就有了家庭；也有人认为，当人类社会发展到一定阶段才产生了家庭。但有一点是大家所公认的，即家庭形成的历史是极其悠久的。家庭在中国传统文化中占有非常重要的作用，它既是社会文化的缩影，也是家庭成员的心理慰藉和精神依托。

早在甲骨文中，“家”就是一个常用字了。但对于“家”字构形的解释却有着较大分歧。《说文》：“家，居也，从宀豭省声。”许慎认为“家”义为居住，是个形声字。段玉裁进一步认为：“此篆本义乃豕之居也，引申假借为人之所居。”他认为，人所居住的家是从“豕之居”引申过来的。这说明，段玉裁实际上是把“家”字理解为会意字了，也就是“从宀从豕”，会合出“豕之居”（即猪圈）的意思。周伯琦也采纳了段玉裁的观点，他在《六书证伪》中说：“家与牢同意，豕居故从豕。”杨树达《中国文字学概要》则认为，“家”字之所以由宀、豕组成，是“悬豕于堂”的样子，他认为“家”本来就是“人之居”，而不是“豕之居”。吴大澂等人根据殷墟卜辞中的辞意，认为“家”就是宗庙，其中的豕是供奉给祖先神灵的牺牲。

那么，“家”的含义到底是什么呢？考察甲骨文和金文，我们找到“家”字的如下常见写法：

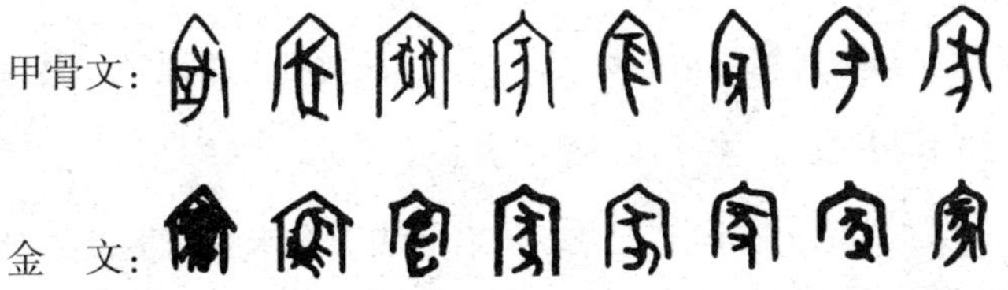

图1. 甲骨文、金文中的“家”

仔细观察可以发现，甲骨文、金文中的有些“家”字并不从宀从豕，而是从宀从犬。这就证明了，许慎所说的“豭省声”是与“家”的古字形不相符的。

“家”字为什么既可以从豕又可以从犬呢？关于这个问题，方浚益在《缀遗斋彝器款识考释》中说得很好：“岂以犬豕皆家畜，故或从犬或从豕欤？”犬和豕都是很常见的家畜，用它们作为家的代表是合乎情理的。因为有了家庭饲养的动物，才是人们定土而居的开始，也才是家的早期的起源。

在远古时期，人们主要靠狩猎作为生活来源，当捕获的猎物有了剩余，便把其中一部分关起来，加以驯养，这些野兽慢慢就变成了性情温顺的家畜，这就是“拘兽以为畜”。被驯养成为家畜的种类很多，除了“豕”之外，还有牛、羊、犬、兔等，这些牲畜不仅能够为人们提供肉和皮毛，而且还能充当祭祀用的牺牲，极大地方便了人们的生活。家庭饲养因此得到了迅速发展，逐渐取代了田猎，成为人们获取牲畜的最主要手段，同时，人们也逐渐学会了靠种植农作物获得果蔬来代替采集野果。这时，人们的生活方式便开始由游居改为定土而居。因此可以说，人类从田猎生活进入定居生活的标志之一，就是对牲畜的饲养。而当人们定土而居之后，才算真正有了家。

据《礼记·礼运》记载：“昔者先王，未有宫室，冬则居营窟，夏则居橧巢。”这里的“营窟”与“橧巢”分别指穴居和巢居。当人类还不知道如何建造房屋的时候，这是人类两种主要的居住方式。《韩非子·五蠹》：“上古之世，人民少而禽兽众，人民不胜禽兽虫蛇，有圣人作，构木为巢，以避群害。”筑巢而居，不仅可以隔开湿热的地面环境，更重要的是可以躲避野兽的袭击。不过，这两种居住方式都会给生活带来诸多不便，于是人们逐渐改进自己的居所，比如把在树上建居所，改成在由木桩制成的“木台”上建造居所。这种居住习俗在汉字中也得到了充分的反映。汉字中的“京”字，甲骨文写作、、等形（也有人认为是“亭”字），其字形上半部分像有屋顶有墙身的房子，下半部分是由几根立柱架起来的木台，整个字形就是架在木台上的房子的形象。木台上面是供人居住的室内空间，木台下面则是半敞开的，可以用来豢养家畜。这样的习俗在近现代时期的少数民族地区仍可找到踪迹。卫聚贤在民国时期《国学月报》上发表的《释家补证》一文中说：“李济之先生说现在云贵一带所住的房子名叫‘栏干’，上面住人下圈牛羊猪等。……栏干下有一群豕，自远观之其形为，即以此现象亦可作人的‘家’。”由此可见，“家”或者是以常见的家畜作为家的象征，或者本身就是先民人畜同居一处的生动写照。随着社会发展，这种生活方式逐渐发生变化，圈养猪的地方开始与人住的房子相分离，于是便出现了“ 圂”字。《说文》：“ 圂，厕也。从囗，象豕在囗中也，会意。”甲骨文中作、等形，正像猪在圈中的样子。

家对于人们的意义，不仅仅是一栋建筑，更重要的是家庭成员之间的亲情。夫妇、父子、兄弟，这些最为亲近的家庭伦理关系，是其他社会关系所无法超越的。

图2.古文字中的“夫”字等

《说文》：“夫，丈夫也，从大，一以象簪也。周制以八寸为尺，十尺为丈，人长八尺故曰丈夫。”这里所说的“丈夫”，并不是指男女结婚后女性的配偶，而是泛指成年的男子，这就跟“丈人”在上古汉语中不指岳父而是泛指男性老者是一个道理。成年男子身材魁梧、体格健壮，往往“人长八尺”。而古代男子成年的一个最重要的标志就是要举行加冠礼，加冠要束发插簪，所以“夫”字的构形，就是在象大人之形的“大”的基础上，加上象簪之形的“一”。后来“夫”才逐渐由成年男子引申为男女结婚后女性的配偶，与“妇”相对。

“妇”字繁体作“婦”，《说文》云：“婦，服也。从女持帚洒扫也。”也就是说，妇人是在家中服侍人的，其形象是手持扫帚打扫房间做家务的样子。关于“从女持帚”的“帚”的构形，也有一些不同的说法。“帚”字在甲骨文、金文中多有出现，甲骨文作、、等形，金文作、、、、等形。罗振玉认为是扫帚的象形字。唐兰则认为此说有误，“帚字之形正像王帚一类之植物，以其可以扫彗，引申之，遂以帚为扫帚之称，习久忘本，遂不知帚字本像树形矣”。徐中书《甲古文字典》就采用了唐兰的说法，以为帚字“象帚形，古以某种植物为帚，今犹编秫秸为之”。后来又有很多学者对这个问题提出自己的见解，如将帚与归（歸）相联系，认为帚是招魂树；或以为帚是长发女子的形象，是妇（婦）的本字，等等。我们比较赞同唐兰的说法，从甲骨文的字形上看，“帚”字的确很像植物的样

子，字形上部突出其枝叶繁密的特点，这种特点使其成为做扫帚的优选材料，因此，由这种植物做成的打扫工具也叫作“帚”。而在古代，用“帚”进行清洁劳动的多是家中的女人，因此，“帚”也就成了妇女形象的象征。为了区别表示妇女的“帚”和表示扫把的“帚”，人们便增添“女”旁，写作、、等形，这样“婦”便成了表示妇女身份的专用字。其后，“婦”字意义逐渐引申，有了与丈夫的“夫”相对的妻子的意义。

父，《说文》曰：“矩也，家长率教者，从又举杖。”其甲骨文、金文字形作、等，正象以手举杖之形。从许慎的解释我们可以看出，中国家庭“严父慈母”的格局在几千年前就已经形成了，父亲在家庭成员内部拥有至高的权威，并且肩负着教育子女的责任。不过，也有人认为“父”的本义并不是父亲，而是类似于“夫”，一开始是对男人的泛称，而男人手中持棒也并非都是教育子女，也有可能是狩猎时代男人手持木棍攻击野兽的形象的局部特写。后来，男人的这种身份、性格的特征被保存下来并不断强化，最终发展成为专指“父亲”的意义。

子，甲骨文、金文字形作、、、等。《说文》：“子，十一月阳气动，万物滋人以为称。象形，凡子之属皆从子。李阳冰曰：‘子在襁褓中，足并也。’”从这个字可以看出，“子”就是小孩子，字形抓住了小孩子柔弱、双腿并着、头大的特点，描述出一个襁褓中的婴儿的形象。不过，许慎把“子”跟阴阳五行联系起来，就有些玄乎了。

孙，甲骨文、金文字形作、、、等。《说文》：“孙，子之子曰孫，从子从系。系，续也。”所谓“续”，就是子孙后代绵延不断，系字从糸，取其丝线连绵不绝的意思。由这个字形可以看出，中国古代很早就有“子子孙孙无穷匮也”的观念，希望家族可以人丁兴旺、子孙永续。

兄，甲骨文、金文字形作、、、等。《说文》：“兄，长也，从儿从口。”长者为兄，幼者为弟，所以《说文》说“兄，长也”。其字形下部是一个人，人的头部突出其张开的大“口”，表示长者有权威来发号施令。也有人认为，“兄”就是表示祷告之意的“祝”字，像一个跪坐的人张开大口祷告的样子，而作为祭祀者的“祝”，一般都是由有特殊身份、德高望重的人来担任，因此作为“祝”的本字的“兄”可以引申出长者、兄长的意思，而表示祭祀者的意义则增加了“示”作“祝”字，从而和“兄”完全分离开来。

弟，甲骨文、金文字形作、、、、等。《说文》：“弟，韦束之次弟也，从古字之象。凡弟之属皆从弟。古文弟从韦次声。韦束之次弟也。”段玉裁解释道：“以韦束物，如辀五束、衡三束之类。束之不一，则有次弟也。引申之为凡次弟之弟，为兄弟之弟，为岂弟之弟。《诗经》正义引《说文》有‘弟’字。”这就是说，“弟”的意思是由表示次弟的“弟”引申而来的。其字形像用牛皮制成的绳线捆扎东西的样子。用来捆扎的绳线是有次序地缠绕的，兄弟之间的顺序就如同这种次序一样，所以可以用次第的“弟”表示兄弟的“弟”，而在表示次第意义时，则加了竹字头，写作“第”。

总之，夫妇、父子、兄弟，这些不同身份的人，靠亲情关系生活在同一个家庭中，形成维系社会发展的最基层的组织。家庭伦理关系作为一种最基本的社会关系，在中国古代“修身、齐家、治国、平天下”的个人成长模式中发挥着极为重要的作用。

（王立军 郝晓金）

汉字构形与古代婚姻

婚姻是人生中的头等大事，是中华民族最具特色的文化事项之一。中国古代的婚姻文化丰富多彩，不同的历史阶段，婚姻形式呈现出不同的特点，蕴涵着不同的文化内涵。特别是在封建社会，婚姻是维系家庭的纽带，是构成社会组织的最基本的要素，因而备受人们的重视。《左传·桓公十八年》云："女有家，男有室，毋相渎也，谓之有礼，易此必败。"孔颖达疏："家者，内外之大名，户内曰室。但男子一家之主，职主内外，故曰家；妇人主闺内之事，故为室也。"古代妻称室，夫称家，妻主内，夫主外，各司其职，其家乃安。只有家安，社会才能稳定。在等级和礼制森严的封建社会，婚姻是社会之大节，婚姻之礼乱，则国家必败坏。可见，婚姻之事是何等重要啊。如此重要的文化事项，在汉字字形中也一定会得到反映。

"婚"字不见于甲骨文。有人说甲骨文借听闻的"闻"来表示结婚的"婚"字，写作、。此字像 一人跪跽而谛听的样子，突出人的大耳朵""，以手附耳，作仔细聆听的样子。由

于听闻的“闻”和结婚的“婚”古音相同，因而可以借用。

图1. 甲骨文中的“闻”

在早期金文中，“婚”字开始出现了，写作、。这个字右边为“耳”，左上方是表示盛酒器的“爵”，左下方是“女”。林义光《文源》说：“从爵、女。昏礼，父醴女而送之。”他认为，此字之所以从“爵”，是因为在古代婚礼上，父亲饮酒举杯为出嫁的女儿送行，而且在古代婚姻仪式的其他环节，酒都扮演着重要的角色。此字之所以从“耳”，是为了表明“婚”与“闻”之间在声音上的相同相近关系。

现在所写的由“女”和“昏”组合而成的“婚”，最早见于后期金文，写作。小篆也直接继承了这种结构，写作，只不过“女”和“昏”两个构件互相对调了一下位置。许慎《说文》：“礼：‘娶妇以昏时，妇人阴也，故曰婚。’”这是对男女结亲为什么称为“婚”的解释。许慎认为，古代迎亲通常是在黄昏时举行的，所以，“婚”字里面有个黄昏的“昏”。也有人认为，甲骨文之所以借“闻”字为“婚”字，作跪跽聆听状，是由于黄昏时光线昏暗，视线模糊，看不清东西，所以要竖起耳朵仔细来听动静，但这种说法还没有找到直接的证据。“婚”字在经籍中多借黄昏的“昏”字，如《诗经·邶风·谷风》：“宴尔新昏，不我屑矣。”《礼记·经解》：“昏姻之礼，所以明男女之别也。”这说明，“婚”“昏”本来就是一个字。

那么，为什么要在黄昏时结婚呢？许慎的解释是，妇女属阴，夜晚也属阴，所以定在黄昏。《白虎通》也说：“嫁娶婚姻者何谓也？昏时行礼，故谓之婚也。所以昏时行礼何？示阳下阴也。婚亦阴阳交时也。”这些从阴阳学说角度所做的解释，现代很多学者认为是不正确的。如张舜徽在《说文解字约注》中认为：“古娶妇必以婚时者，当缘上世有劫掠妇女之风，必乘夜昏人定时取之，以避寇犯也。”黄昏娶亲是上古抢婚制的遗风。在母系社会向父系社会转变之后，男子日益在生产劳动中占据主要地位，不愿意再依附于女子而存在。他们希望以自己为中心，让女子归向自己，但是女性不愿意轻易放弃自己的中心地位，于是武力抢夺女子的暴力手段就成为了男子与女子结为婚姻的方式之一。抢夺婚的婚姻形式到很晚的时代，仍存在于我国的一些少数民族中。例如，直到1949年以前，我国云南省的景颇族、傈僳族和傣族实行的仍是抢夺婚。宁蒗地区普米族至今仍保留着古代“抢婚”形式。这是青年男女为防婚姻受阻，采取一种“生米做成熟饭”的结婚方式。男女双方事先暗中商定婚期。结婚那天，姑娘仍外出若无其事地劳动，男方则派生辰属相相合的人暗中跟踪，看准时机后突然将姑娘抢走，抢得之后便高声呼喊：“某某人家请你去吃茶！”姑娘佯装反抗，其实是心甘情愿地被男方

"抢"走。抢回家后，迅速举行隆重的结婚仪式。尽管女方家长不同意这门亲事，但此时，也无可奈何，只好默认，并准备丰盛的食物，为女儿出嫁进行庆祝。尽管与抢婚的原始内涵有较大差异，但是所保留的形式也可以看出抢婚制影响的深远。

反映上古抢婚习俗的还有一些字，如"妻"（见《汉字构形的文化解读》一节）、"娶"。"娶"字甲骨文作，左边是个跪坐着的女子之形，右边是一只手和一只耳朵，代表"取"的动作。《说文》："取，捕取也。"古时战争，往往将俘虏的左耳割下，目的是以耳朵的数量计算功劳。数字越大，功劳越大。所以"取"字作为"娶"的构件，一则标示声音，二则也有掳掠女子之意。文献中也经常用"取"字来表示"娶"，如《周易》："勿用取女，行不顺也。"《诗经·齐风·南山》："取妻如之何？匪媒不得。"《史记·吴起列传》："吴起取齐女为妻。"以"取"为"娶"，说明古代娶妻确实有强取、抢妻的含义。其实，"取"是"娶"的本字，后来增加"女"旁，专指"娶妻"之义。

然而抢夺女子成婚毕竟是上古时期风俗的遗留，并不是古代婚姻的主要形式。古代社会主流的婚姻形式是聘娶婚。所谓聘娶婚，也就是男子以聘的形式而娶，女子以受聘的方式而嫁。聘娶的"聘"本作"娉"。段玉裁《说文解字注》"娉"下云："凡娉女及聘问之礼，古皆用此字。娉者，专词也；聘者，泛词也。"娉为聘娶本字，经典多统作聘，聘行而娉遂废弃不用。

《尔雅·释言》："聘，问也。"《说文》："娉，问也。"二者义同。而且这两个字皆从"甹"得声，王力《同源字典》认为它们"实同一词"，是同源字。娉是"问名"，即男方请媒人问女方名字和出生年月日，以求夫妻相合或选定良辰吉日。"问名"是古代婚礼"六礼"之一。（古代"六礼"为：纳采、问名、纳吉、纳徵、请期、亲迎）女子受聘才能名正言顺，否则就是"奔"，即私奔。名不正，言不顺，婚姻地位和权利就得不到保障。《礼记·内则》云："娉则为妻，奔则为妾。""妾"字甲骨文作，字形为一个跪着的女子，头上是一个▽。至于▽为何物，说法不一致。有人认为这是代表刑具，将刑具加于女子头上，说明其有罪。《说文》也说妾为"有罪女子"。但也有很多人认为，▽指头饰，如于省吾《双剑誃古文杂释·释竟》认为："古文字于人、物之顶上每加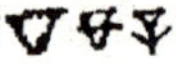等形，即辛字，在人为头饰，在物则为冠角类之象形。"李孝定《甲骨文字集释》："盖妻字从女，上象发加笄形；妾则从女，上加头饰。其意相同。初无地位上之差别。许君之训盖后起之义，不足以语殷制也。"他认为"妾"字最初并无奴婢的意义，这个意义当是后起义。此备一说。但值得肯定的是，妾在后代的身份是比较卑下的，低于正妻，所以是不用行"问名"之礼的。

在聘娶婚中，"父母之命，媒妁之言"是必不可少的。《诗经·齐风·南山》云："取妻如之何？必告父母。……取妻如之何？匪媒不得。"《孔子家语·嫁娶》亦云："男不自专娶，女不自专嫁，必由父母，须用媒妁。”可见，没有父母的同意与认可，男女双方是不能结合的。《诗经·鄘风·柏舟》就描写了一位少女因为父母的阻碍而不能与所爱的男子结合，因而痛苦而愤怒地控诉道：“母也天只，不谅人只！”“也”“只”都是语气词，天，指父。意思是说：“父亲母亲啊，怎么就不能体谅我的心呢？！”

媒妁也是保证婚礼实施的主要促成者。《说文》：“媒，谋也。谋合二姓，从女某声。”段注：“虑难曰谋。《周礼·媒氏》注曰：‘媒之言谋也。谋合异类使成合者。’”商量、合计事情，考虑事情的难易叫作“谋”，这与“媒”的意义有相通之处。媒是作为中间人去做不同姓氏男女两家的工作，谋计筹划婚礼的事情，使男女双方能够顺利结合，结为夫妇。

再来看“妁”，其义来源于“酌”。《说文》：“酌也，斟酌二姓也。从女，勺声。”“妁”的意思也就是斟酌两个不同姓氏的男女可否结合。段玉裁《说文解字注》：“斟者，酌也。酌者，盛酒行觞也。斟酌二姓者，如挹彼注兹，欲其调适也。”“酌”就是倒酒行礼的意思。“挹彼注兹”也就是将此器中的酒倒出倾注于彼器，这强调酒量的适中，不可太满，满则溢出；不可太少，少则不敬，而对于媒人来说，所结合的男女双方，他们彼此的条件也要求“适中”，这就是古代所谓的“门当户对”，这当然是需要媒人加以“斟酌”的。桂馥《说文解字义证》：“丁公著云：谓媒氏酌二姓之可否，故谓之媒妁也。”“酌”的金文形体作，基本与楷书字形相同。左边是个酒坛子，右边是勺，为挹酒之器，中间一点代表所舀起的液体。所以“酌”不单单是个形声字，还是个兼会意的字。“妁”与“酌”在“斟酌”这个意义上有相通之处。

随着婚俗礼制的发展，媒妁越来越成为婚姻生活中的重要角色，甚至可以说是至关重要、必不可少的。《礼记·曲礼》：“男女非有行媒，不相知名。”郑玄注曰：“男女有媒往来，传婚姻之言，乃相知姓名。”《礼记·坊记》亦云：“男女无媒不交。”俗语也有“天上无云不下雨，地上无媒不成婚”的说法，可见媒妁的意义之大。

聘娶婚在历史上起到了一定的积极作用，使得伦理纲常秩序井然，维护了社会的稳定；但另一方面，其消极影响也是明显的：它束缚了人性的自由发展，造成了无数青年男女的爱情悲剧，像《梁祝》中的梁山伯与祝英台，《孔雀东南飞》中的刘兰芝和焦仲卿，《红楼梦》中的贾宝玉和林黛玉，等等。虽然是文学作品中的人物，却反映了普遍的社会现实。

不管结婚的具体形式如何，其最终结果是男女双方家庭结为姻亲，两姓互为婚媾。所以这里再谈一下“姻”字和“媾”字。《说文》：“（姻，）壻家也。女之所因，故曰姻。从女，从因，因亦声。”也就是说，姻是指婿家而言，是女人依就的对象，所以叫作“姻”。此字由女、因会意，同时“因”也表声。甲骨文“因”字作，从从，像方席，为之讹变，本像

席子编织的纹理。朱骏声《说文通训定声》引江永说：“象茵褥之形，中象缝线文理。”可见“因”的本义是编织的草席子，后来由于“因”字被借去表示原因，其本义便又加上了草字头，写作“茵”，如“绿草如茵”等。因为席子是供人依靠躺卧的，所以“因”又可以引申出依就的意思。而婿家是女子所依就的地方，所以在婚姻关系中谓婿家为姻。

媾字从“冓”，甲骨文作，李孝定《甲骨文字集释》：“疑象二鱼相遇之形。”徐中舒《甲骨文字典》：“象两鱼相遇之形，以会遘遇之意。”“冓”字甲骨文另有形体作、，增加、这些表示行走的部件，这便是后来的“遘”字。可见，“冓”“遘”原本是同一个字的不同写法。“媾”字以“冓”为声符，其意义也与“冓”有关。《说文》：“媾，重婚也。从女，冓声。”“重婚”并不是现代所指的结两次婚，而是指二姓结为婚姻，段玉裁《说文解字注》：“重叠交互为婚姻也。”朱骏声《说文通训定声》：“今所谓重重姻眷也。”可见“媾”也有“相会交合”的意思。实际上，其他从“冓”得声的字也多有交互相会之意。如“溝（沟）”表示纵横相交的水道，“覯”表示遇见，“構（构）”表示以木材架屋等。这些都反映了形声字的声旁有时候也会跟整字的意义有关。

（许蓓蓓　王广济）

汉字构形与古代子女养育

中国历来是一个重视血缘传承的民族，“不孝有三，无后为大”的观念在汉民族的价值观中根深蒂固，对子女的“哺育”和“教育”被视为家庭中的头等大事。这样的古代子女养育文化在汉字字形中也得到了反映。

在《汉字构形的文化解读》一节中，我们曾分析过表示怀孕的“身”“孕”和表示生育的“毓”等汉字的形体，通过汉字构形形象再现了妇女生育的过程。经过十月怀胎，母亲期待着胎儿能平安出生，健康成长。但是，由于古代医疗和生活条件的限制，孩子出生后常常有夭折的危险。夭折的“夭”在古文字中是个象形字，甲骨文和金文中作、、、之形，小篆作，是个象形字，像一个人歪着头的样子。《说文·夭部》：“夭，屈也。”段玉裁注：“象首夭屈之形也。”夭的本义是指短命、早逝。其字形即像小孩头直不起来了，表示已经死亡。夭折的“折”甲骨文作，右边的部件像一把斧头，也就是后来表示斧头的“斤”字；左边表示被砍断的植物。从字形可以看

出，“折”的本义就是折断的意思。用草木的折断表示小孩的夭折，是一种比喻的引申。甲骨文“折”字还有一种写法作，在左边草的中间加上了一个小方框，这是一个指示性符号，目的是为了强调左边是一棵草被砍断了，而不是并生的两棵草。这种写法在后来的西周金文和《说文》籀文（即《说文》所保留的战国秦文字，因与《史籀篇》中的字形相似而得名）中也得以继承，分别写作和，其中的小方块改成了两短横，其构意并没有发生变化。但是，《说文》在解释籀文的字形时，却对其中的两短横的作用产生了误解。《说文》：“，籀文折，从艸在仌中。仌寒，故折。”其中“艸”即古“草”字，“仌”即古冰字。许慎将断草之间的两横误解为冰，于是把籀文“折”的构意解释成“草在寒冷的冰中，必然会被冻折”，这样的解释显然不符合古文字的构造意图。

那么，夭折的“折”又是怎样变成现在的提手旁呢？《说文》除了收录“折”的籀文字形外，还收录了两个小篆字形和，前者是作为正字字头收录的，后者是作为小篆的异体字收录的。《说文》：“，断也。从斤断草……，篆文折从手。”作为正字头的的左部件，仍然可以看出是断草的形象，所以《说文》把“折”收在艸部。但这时候的断草几乎已经连在一起了，与小篆“手”的写法非常接近，又由于折断的意义确实与手的动作有关，于是人们便逐渐把断草旁写成了手字旁。

夭折的婴儿是不能按照成年人的葬礼那样埋葬的，这种风俗，至今在我国某些地区仍存在着。在距今5000年到7000年左右的黄河流域仰韶文化遗址中，夭折的幼儿往往被贮以瓦罐，用盆、钵覆盖罐口，埋葬在住房附近，盆、钵中央留出小孔，以备灵魂出入，这种埋葬方式叫“瓦罐葬”。但是古代婴儿夭折最普遍的埋葬方式是“弃葬”，也就是直接用草裹着弃之于荒野。这一点可以由“弃”的字形结构得到证明。“弃”甲骨文作，李孝定《甲骨文字集释》解释道：“字象纳子箕中弃之之形，古代传说中常有弃婴之记载，故制弃字象之。”甲骨文另外有个字，像双手拿着扫帚和簸箕清扫垃圾的样子，这就是现在的“粪”字。《说文》：“粪，弃除也。”“弃除”也就是把清扫的垃圾丢掉。“粪”字甲骨文还可省去扫帚形，写作。将甲骨文的“粪”与“弃”相对比就可以发现，原来，甲骨文的（“弃”）字正是在（“粪”）字的基础上添加了部件“子”，这样，其构意也就从丢掉垃圾转而指丢掉夭折的婴儿了。“弃”字金文或作，双手没有变化，像簸箕的部分变得复杂了，而像子的部分则变成了头朝下的“子”，从而更强调了簸箕里的子是死去的婴儿。此字到秦简中演变成，与“弃”的繁体字“棄”十分接近。《说文》古文作，省去了中间的簸箕，这就是现在简体字“弃”的直接来源。

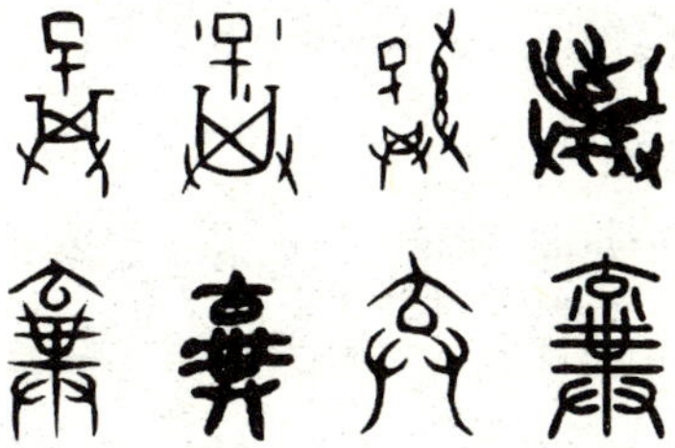

图1. 古文字中的“弃”

古代除了婴儿夭折而被弃之外，有时也会因为迷信而把没有夭折的婴儿也抛弃掉。如《左传·襄公二十六年》：“宋芮司徒生女子，赤而毛，弃诸堤下，共姬之妾取以入，名之曰弃。”周的始祖后稷也有过生下来就被抛弃的经历。据说，后稷是帝喾的元妃姜嫄所生。姜嫄祭祀时不小心踩到上帝的脚印，心中有所动而怀了孕。帝喾认为，这样生的孩子必定不祥，于是命人将他从母亲怀里夺下来，抛弃在狭窄的小路上，想让过路的牛羊把他踏死，可是过路的牛羊看见这孩子都绕着走过去了。帝喾又命人把他丢弃在寒冰上，想把他冻死，可是马上就从天上飞来两只彩鸟，用羽翼保护着他。姜嫄听说后，觉得很神奇，便又命人把小孩抱回来抚养，因为他几经抛弃，所以取名为“弃”。《诗经》中的《大雅·生民》，就是关于后稷神话的最早而又最完整的记录。

也有一些民俗学者认为，“弃”的汉字构形可能反映了一种古老的民俗——试子风俗。所谓试子，就是在婴儿出生后，用某种方式检验其健康程度，或者推测其命运、前途的吉凶，好则养育，不好则弃之。古代文献中常有此类记载，如晋张华《博物志》卷二：“荆州极西南界至蜀，诸民曰獠子，妇人妊娠七月而产。临水生儿，便置水中。浮则取养之，沉便弃之，然千百多浮。” 我国的苗、瑶等少数民族，过去也有把新生儿放在林子里冻饿曝晒或让蚊虬叮吮，折腾不死才抱回来养大的习俗。在这些早期习俗中，似乎透露出一丝原始古朴的优生优育的观念。

婴儿如能幸存，就会得到母亲的哺育喂养。古人喂养婴儿最常用的方式就是母乳喂养，这种情景在“乳”的古文字字形中得到了形象的描绘。“乳”字甲骨文作，其结构形象如画：母亲怀抱婴儿，婴儿张口对着母亲的乳房，哺乳之情惟妙惟肖。到了小篆，“乳”的字形发生了较大变化，写成了，“子”还在，只是已经没有了张开的嘴；母亲怀抱的双臂变成了“爪”；母亲整个身体变成了，这其实就是喂奶的“奶”的早期象形字。“奶”字本作“乃”，甲骨文作或，正象乳房之形。郭沫若说：“余以为当是人形，象人侧立，胸部有乳房突出，是则乃盖奶之初文矣。”后来“乃”字被借去用作副词，表示其本义的字才加上女字旁作“奶”。小篆中的，就是甲骨文的变形。《说文》作者许慎由于没见过甲骨文字形，把部件错误地讲成象玄鸟之形了。

与“乳”相关的还有一个“孔”字。“孔”金文作，像婴儿靠近母亲乳房吮吸的样子。乳房有孔故能吮吸，因此可以用

来表示孔、眼儿之义。《说文》："孔，通也。"马叙伦《说文解字六书疏证》认为"孔"为"乳"的异文，或是省文。小篆"孔"字作，与"乳"的小篆字形也只是一"爪"之别。也许正如马叙伦所说，"乳""孔"本来就是一个字，后来才分化成两个字。

也有的学者认为，"孔"与"乳"没关系，而是与婴儿有直接的关系。金文"孔"字亦有作、等形体，上面的一短笔为指事符号，表示小孩的囟门，我们在前文提到过，《说文》："囟，头会，脑盖也。象形。"所谓头会，就是头盖骨的会合处。婴儿的头盖上有一块是软的，就是因为头盖骨还没有合严。因此，"孔"指的就是婴儿头顶的"囟门"。

子女能够在母亲的哺育下健康成长，当然是令人高兴的事。可是仅仅喂养子女是不够的，还要对他们进行教育。"教"字甲骨文作，小篆作。《说文》："教，上所施下所效也。从攴从孝。"其右部件是"攴"，象以手执杖之形。《说文》："攴，小击也。"左部件为"孝"，由"爻"和"子"组合而成。"教"表示施教的意思是明显的，但"爻"在这里代表什么，学者们还存在不同看法。一说爻是易卦中的布爻，即教小孩从小学习摆卦布爻；一说爻就像交错的道道，即教小孩画某种符号；一说爻是古代的算筹，即教小孩学习算数。如此等等，难有定说。

跟"教"相对的就是"学"。"学"甲骨文作，小篆作，其字形也包含了“爻”和“子”，说明“教”“学”二字关系之密切。林义光等人甚至认为，古代“教”“学”本来就是同一个字，后来才逐渐发生分化的。

哺育子女由母亲承担，教育子女则主要是父亲的职责了，所谓“养不教，父之过”，就反映了古代的这种观念。“父”字小篆作，《说文》：“父，矩也，家长率教者。从又举杖。”意思是说：父亲就代表着规矩，他手举着杖，对子女实行教诫。从中可以看到父亲在教育子女方面所体现出的威严。《白虎通》说：“父子者何谓也？父者，矩也，以法度教子也。”在中国历史上，确实不乏严父的形象。如北齐神武帝高欢，对他的儿子高澄稍有不满，便在宫内破口大骂，拳打脚踢。《红楼梦》中的贾政，也曾一顿板子将儿子宝玉打得皮开肉绽。这种棍棒式教育在今天看来是绝对错误的。

当然，母亲在家庭教育中的作用也是不可忽视的。历史上有名的孟母三迁的故事，就是母亲教育子女的成功典范。而母亲的过分慈爱，也会导致对子女的失教。如《左传》“郑伯克段于鄢”的故事中，郑庄公的母亲无原则地溺爱庄公的弟弟段，助长了段的恶行，最终使他自取灭亡。

与“养不教，父之过”相并提的，是“教不严，师之惰”，可见，在古代，学校教育也十分关键。古代很早就有学校了。早在夏、商时期，就有了贵族子弟的学校，到西周时期更是形成了一套完整的学校制度。《周礼·地官·保氏》：“古者八岁入小学，故周官保氏掌养国子，教之六书。”当时小孩八岁入学，首先要学习的就是“六书”，也就是象形、指事、会意、形声、转注、假借这些关于汉字构形和使用的知识。负责教育他们的人叫“保氏”。“保”字甲骨文作，像一个大人双手向后将小孩背在背上的形象，本义是背负小孩。唐兰《殷墟文字记》：“负子于背谓之保。”而负责教育孩子的“保氏”的“保”，以及现在负责看护小孩的保姆的“保”，都是从最初背小孩的意思引申过来的。“保”甲骨文多省写作，金文添加一个或两个笔画作或，小篆写成了，这就是现在楷书结构的“保”的来源。

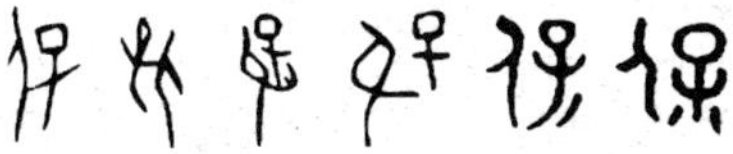

图2. 甲骨文、金文中的“保”

（王立军 唐雪）

汉字构形与古代丧葬

明代程登吉的《幼学琼林》说："福寿康宁，固人之所同欲；死亡疾病，亦人所不能无。"尽管人们始终在追求福禄安康的生活状态，但生老病死却是不可抗拒的自然规律。中国古代很早就形成了"重死"的价值取向，将丧葬仪式作为人生礼仪的一个重要组成部分，这种观念在汉字形体当中得到了清晰的反映。

"死"字甲骨文写作，左边是一个跪在地上的人，右边是一架枯骨，从人从歺会意，表示生者对死者的凭吊。跪着的人头部低垂，表现悲痛哀思之情。《说文》："死，澌也。人所离也。"《说文解字注》："形体与魂魄相离。"扬雄《方言》："澌，尽也。"澌本义为水尽，死是人的生命走到尽头，因此以澌训死。古人多信魂魄的存在，故死亡也意味着肉体和魂魄的分离。死的本义是生命终止，后来发展出不少引申义。比如"死战""死拼"表示拼命，付出最大的努力，以至于不惜以生命为代价的意思；"死路""死胡同"取"死"的"尽头"的意义特征；“死板”“死脑筋”表示呆板不灵活的意思，是从“死”的停止不动的状态引申而来。

“死”又可以称“丧”。《白虎通》：“人死谓之丧何？言其丧亡不可复得见也。不直言死、称丧者何？为孝子之心不忍言也。”死和丧都是生命的结束，但用语不同，丧是避免直言死的委婉说法。丧字甲骨文作、，从从众口。是桑树，诸口字为器形，为采桑所用之器。本义为采桑，借为丧亡之丧。也有学者（如于省吾《甲骨文字释林》）认为众口字表示人死后亲友的哭喊。“桑”“丧”二字音近，在意义上也有一定的关联。例如，古代有“桑榆”一典，指日落时余晖所照之处，常喻垂老之年。《太平御览》卷三引《淮南子》：“日西垂，景在树端，谓之桑榆。”王勃《滕王阁序》：“东隅已逝，桑榆非晚。”东隅为日出之处，以喻早年；桑榆为日落之处，以喻老年。意谓早年的时光已经逝去，但珍惜晚年的时光勤奋努力，还不算晚。以桑榆比喻人之暮年，生命将尽，正与“丧”的意义相近。另外，古代的发笄从用途上可分为吉笄和恶笄，前者用于行吉礼，后者用于行凶礼，二者的区别主要就在于质料的不同。吉笄通常用象牙为之，位尊者用玉，位卑者用骨。恶笄的材料较为复杂，常见有桑木、榛木、理木及莜竹等。普通丧笄用桑木，取“桑”“丧”音同。《仪礼·士丧礼》中也提到，古代丧葬时，用桑木所做的发笄为死者束发。民间俗语有“前不栽桑，后不栽柳”的说法，认为“桑”象征着“丧”，宅前栽桑会“丧”事在前；柳树不结籽，房后植柳就会断子，即没有后代，都是不吉利的事情。

人死后需要埋葬。“葬”字甲骨文作。李孝定《甲骨文字集释》认为此为葬之古文，左半为人之残骨，右半是爿，“象残骨置爿上，会意也”。“葬”字或作、。徐中舒《甲骨文字典》：“从人在中，即棺椁之属。上有数点以表泥土，或加，皆会葬意。”认为表示死者躺于棺木之中，表示数点泥土，因此前一个字形意谓棺木埋于泥土之中。第二个字形加上了双手，把埋葬的动作表现了出来。其实，字形中的“口”与“因”字中的“口”相同，都是表示草席之类的东西，而表示的是草，“葬”的意思也就是将死者掩埋在荒草之中。虽然殷商时期埋葬死者是用棺椁的，且有墓地。但在上古时期埋葬死者极为简单，不立坟墓，丧葬礼仪也很简易。《周易·系辞下》：“古之葬者，厚衣之以薪，葬之中野，不封不树，丧期无数。”也就是说，上古埋葬死者，在身体上裹上一层厚厚的草木（或者是草木编成的席子），然后置于荒野之中，既不堆积土堆，又不种植树木作为标记，同时也不计丧期。《孟子·滕文公上》：“上世常有不葬其亲者，其亲死，则举而委之于壑。”《吴越春秋》也说：“古者人民朴质，饥食鸟兽，渴饮雾露，死则裹以白茅，投于中野。”“葬”的小篆字形正体现了这种简朴的丧葬习俗，该字形由“茻、死、一”三部分组成。《说文》：“葬，藏也。从死在茻中；一其中，所以荐之。”“茻”

就是后来的草莽的“莽”字，表示密集的草丛；“死”指尸体；“死”下的一横表示用来垫着尸体的草席，《说文》所说的“荐”就是草席。

随着社会的进步和生产的发展，人的思想观念和社会礼仪制度也逐步发生了变化。原始时期简易轻薄的丧葬之礼逐渐变得繁缛和厚重。丧葬礼仪在社会生活中变得异常重要，成为维系社会道德伦理和封建统治秩序不可缺少的一环。《中庸》：“事死如生，事亡如存，仁智备矣。”《大戴礼记·礼察》：“丧祭之礼废，则臣子之恩薄，而信死忘生之礼众矣。”如果侍奉死者如侍奉生者一般，则仁智兼备，社会稳固；反之丧葬之礼废弃，则君臣关系会遭到削弱，导致伦理崩坏的严重后果。可见丧葬制度在当时的重要意义。

在这种社会背景之下，丧葬制度也发生了巨大变革，由原来的“厚衣之以薪，葬之中野，不封不树，丧期无数”，变为要求“葬之以礼，祭之以礼”“棺椁必重，衣食必多，文绣必繁，丘陇必巨”等一系列隆重且烦琐的丧葬礼仪。后世复杂的丧葬程序在汉字字形中也得到了体现。人死之后，首先要入殓，也就是将死者穿衣入棺。殓分为小殓、大殓。小殓是对尸体进行洗浴、穿衣，然后在其口中放入米、贝、珠、玉等物，意为让死者在归阴之路上不受饥饿或有盘缠费用，称为“饭含”。大殓即把尸体放入棺材。“殓”字本作“敛”，“殓”是专为殡葬而造的后出字，经籍中多作“敛”。《释名》：“殓者，敛也，衣死也。

经史并作敛。”《说文》：“敛，收也。”《尔雅·释诂》：“敛，聚也。”“敛”就是收束聚集的意思，从攵佥声。从攵，表示跟手的动作有关；而声符佥其实也兼表意义。《说文》：“佥（僉），皆也。”也就是全部聚拢的意思。从“佥”之字多有收束汇聚之义。“殓”是将死者整理仪容穿好衣服之后装入棺中；“捡”是将物品拾捡起来；“检”是查验、检束物品或事件使其规则整饬；“匳”是镜籢，即盛镜的竹匣，将镜子收起来使其规整。

古代盛放死者的棺也很复杂，分为椑、棺、椁。椑是最靠近尸身的棺。《左传·襄公二年》：“穆姜为椑。”《疏》：“椑，亲身棺也。以亲近其身，故以椑为名。” 椑的外面就是棺。《说文·木部》：“棺，关也，所以掩尸也。”这是用声训的训释方法说明用棺的目的在于掩护尸体，延缓其腐烂。棺的最外面是椁。“椁”亦作“槨”，槨字从郭，郭的本义是外城，指古代在城的外围加筑的一道城墙。《广韵》：“内城外郭。”郭字古作𩫏。《说文解字注》：“城𩫏字今作郭，郭行而𩫏废矣。”《说文》：“𩫏，度也，民所度居也。从回，象城𩫏之重，两亭相对也。或但从口。”甲骨文作、、。杨树达《卜辞求义》：“𩫏之象，中为城，上下为亭。回从二口，外围象郭也。或但从口，则有城而无郭也。”正因为郭表示外城，所以从郭之字多有“外边”“外缘”的意义特征。如椁是外棺，鞹是动物去了毛的皮，廓是物体的轮廓。棺椁不仅代表着丧葬的风

俗，还代表着森严的社会等级制度。古代普通百姓是用不起椁的，能有一口棺材就不错了。但上层的贵族觉得用双层的棺椁还不足以防止尸身腐烂，于是往往使用多重棺椁。《荀子·礼论》中记载：“天子棺椁七重、诸侯五重、大夫三重、士再重。”是说天子五棺二椁，诸侯为四棺一椁或三棺两椁，大夫为两棺一椁，士为一棺一椁。由此可见古代等级差别之大。

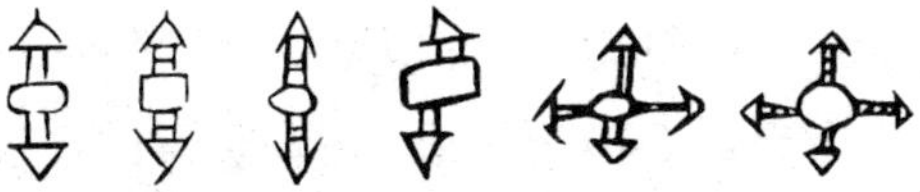

图1．甲骨文中的“郭”

尸体入殓后，并不立即下葬，有一个停柩待葬的过程，目的是让亲朋好友来吊唁，这就是“殡”。“殡”字从歺、宾声。甲骨文宾作。其上或作、，皆象屋形；象人形；是止，足形，表示有人自外而至。所以甲骨文“宾”字象人在室中迎宾之形。金文和小篆改从止为从贝，作，这是因为“古者宾客至必有物以赠之……故其字从贝。”（王国维《观堂林集》）“殡”字从宾得声，其实在意义上也与“宾”字相关。《说文》：“死在棺，将迁葬柩，宾遇之。从歺从宾，宾亦声。”《释名·释丧制》：“於西壁下塗之曰殡。殡，宾也。宾客遇之，言稍远也。”停放灵柩以供亲友吊唁，或者把灵柩在亲友陪伴下运往埋葬之地，就是“殡”。王力《同源字典》把

“殡”“宾”列为一组同源字。

经过殓、殡之后，便到了丧葬仪式的最后一步了，也就是下葬。前文已说人类初期对尸体的处理很简单，并不掩埋死者，而是仅仅置于荒草之中，后代才形成了用土埋葬的习俗。灵魂入土乃得安宁，坟墓成为了人的最终归宿。“坟”“墓”在现代汉语中意义相同，二字经常连用，没有区别。但在古代汉语中，二者的区别是明显的。春秋以前，中原地区的墓葬是在地面挖坑，尸体放入后把土坑填平，上面不封土堆，称作“墓”。《礼记·檀弓》：“古者墓而不坟。”《方言》卷十三：“凡葬而无坟谓之墓。”西周时期，长江下游的东南地区因为地下潮湿积水，因此不在地面挖坑，而是在地上用河卵石铺砌出墓室，放入棺椁，然后用土沙埋起来，形成大土堆，称作“坟”。春秋时期，中原地区结合了二者，形成了既有墓穴又堆土堆的墓葬。

坟原作墳，从土、賁声。賁在古代常常表示“大”义。《集韵》：“賁，大也。”《尚书大传》：“天子賁庸。”郑玄注：“賁，大也。”从賁之字多有大义。公猪去势后长得肥大，叫作“豶”；蕡指果实多而大，《诗经·周南·桃夭》：“桃之夭夭，有蕡其实。”而“墳”则指高大的土堆，强调坟墓是高出地面的大土堆这一意义特征。

“墓”字从土、莫声。其中的“莫”也兼表意。“莫”是“暮”的初文，后者是在前者基础上添加义符“日”而来。“莫”甲骨文作，是日，是草丛，日在草丛中，表示太阳

将要落下，也就是黄昏的意思。《说文》：“莫，日且冥也。从日在茻中。”“墓”字从莫，“莫”既表音又表意，以日落喻人死，以一天走到尽头喻一生走到尽头。

将死者埋入坟墓后，其家人要戴孝守丧，叫服丧。服丧期有长有短，据《礼记》记载，依据与死者的亲疏关系，服丧期可分为三月、五月、九月、一年、三年等，至亲一般是三年。服丧期间着孝服，不参加娱乐活动，不修边幅，不办喜事，并在特定的日期对死者进行祭奠，以寄托生者对死者的怀念和哀思。

古代还有殉葬制度，这种习俗起源很早。在氏族社会时期，人们便习惯于把死者生前所喜爱的日用品和死者埋葬在一起。到了奴隶社会，更出现了用活人殉葬的现象，常常杀死或活埋奴隶为奴隶主殉葬，让他们在“阴间”继续为主人效力。在河南安阳发掘的奴隶主墓葬中，一般都有几个、几十个人殉葬，有的大墓中，有二三百人殉葬。这正如《墨子·节丧》所说：“天子杀殉，众者数百，寡者数十；将军、大夫杀殉，众者数十，寡者数人。”殉葬的方式是将殉葬品绕着圈摆放在死者身旁。这种形式也正是“殉”字意义的来源。“殉”字从歹、旬声。其中“歹”（即“歺”的变形）表示与死亡、不幸有关。“旬”则既表示读音，又兼有表意作用。“旬”字甲骨文作、、等形，其构形像制作陶器的情形，即将捶打好的泥片旋转着置于陶均之上，其中的一个短笔道，像用木铲之类的工具将多余的泥片切掉。由于陶均是旋转的，所以字便有了转圈的含义。古代表示时间以十天为周期，循环往复，就跟陶均旋转的情形相似，所以古人便用表示十天，后来增加“日”旁作，这样就分化出了“旬”字。同样，由于古代殉葬品也是转着圈摆放的，人们便在“旬”的基础上添加与死亡有关的部件“歹”，构造了殉葬的“殉”字。

（许蓓蓓 王立军）

汉字构形与古代田猎

《孟子》中有这样一段话："当尧之时，天下犹未平，洪水横流，泛滥于天下。草木畅茂，禽兽繁殖，五谷不登，禽兽逼人。兽蹄鸟迹之道，交于中国。"这是对远古时期先人生存环境的描述。当时，天下一片洪荒，野草丛生，乱木成林，鸟兽大量繁殖，对人类形成了严重的威胁，即使在中原地区，也都布满了鸟兽行走的印迹。这些印迹对人类的生存具有极其重要的意义，人们正是根据这些印迹来判断鸟兽的类别，如果是凶猛的鸟兽，则提高警惕，或者隐藏躲避；如果是弱小的鸟兽，则设法捕获，用以充饥。后来，随着社会的发展，人们需要区分的事物越来越多，光靠鸟兽之迹已无法满足这种需求，于是人们在鸟兽之迹的启发下，发明了汉字。这正如许慎《说文·叙》所说："黄帝之史仓颉，见鸟兽蹄迒之迹，知分理之可相别异也，初造书契。"仓颉看到鸟兽的足迹，知道据此可以辨别不同的鸟兽，因而开始模仿鸟兽的足迹创造文字。我们现在虽没有确凿的证据来证明汉字的起源一定是从鸟兽的足迹中得到启发的，但可以肯定的是，汉字从一产生起，就跟田猎有着密切的关系。

甲骨文有一个（biàn）字，后来演变为，正像一个野兽的脚印。这个字小篆字形作，楷书字形作“釆”。《说文》解释说：“釆，辨别也，象兽指爪分别也。”古人造字时，正是用鸟兽的足印来表示辨别之义的。后来，这个字分化成两个字，即“釆”和“番”，其中“釆”专表辨别义，“番”则专表兽足义。《说文》：“兽足谓之番，从釆，田象其掌。”“番”金文写作，其下部不是田地的“田”，而是像野兽圆圆的脚掌。由于“番”字和脚有关，后来便又加上了“足”字旁，作“蹯”。《左传·宣公二年》记载，晋灵公是一个无道之君，有一次他的厨师做饭时没有把“熊蹯”煮熟，晋灵公一生气就把他杀了。这里所说的“熊蹯”就是熊掌。其他一些从“釆”、从“番”的字，也往往有“仔细观察”“分析”之类的意义，如“審”（“审”的繁体字）义为“仔细辨别”，“释”义为“分别物类”，“悉”义为“详尽明白”等，这些都可以看出“兽足”和“分别”义之间的关系，也可以看出田猎在汉字构形中留下的痕迹。《周礼》中有所谓的“迹人”之职，其任务就是专门察看鸟兽的足迹，以判断它们的藏身之处。《左传·哀公十四年》：“迹人来告曰：‘逢泽有介麇焉。’”就是说，迹人来报告，在逢泽这个地方发现了一只孤身的麇鹿。

田猎的“田”和田地的“田”本为一字，甲骨文像田地阡陌纵横的样子（图1）。那么，为什么田猎和种田有如此密切的关系呢？前面说过，由于草木丛生给野兽提供了藏身之地，于是古人采用焚烧的方法，驱赶或者围捕野兽。野兽赶走了，野草也烧光了，留下来的空地正好可以开垦出来种植庄稼，这样，农田便出现了。

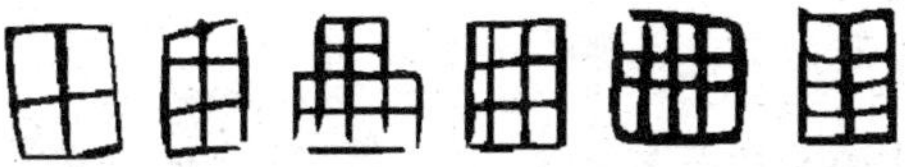

图1. 甲骨文中的“田”

除了火猎之外，古人还使用弓箭、网、陷阱等多种狩猎方式。如（罹难的“罹”）是用带有长柄的网把鸟罩住，（罗网的“罗”）是用张设的大网把大象围住，（陷阱的“陷”）是用挖好的陷阱把鹿困住，（表示野猪的“彘”）则是用箭将野猪拦腰射穿。这些生动形象的字形，为我们再现了当时狩猎活动惊心动魄的场面。

狩猎的“狩”与野兽的“兽”本为一字，楷书繁体写作“獸”，甲骨文有等多种写法（图2）。在这些不同字形中，右边表示动物形状的部分，无论繁简都是“犬”字，没有出现其他动物，说明在这个字形中“犬”不是被猎获的对象。因为如果“犬”是代表猎获对象的话，它就应该可以用其他动物来代替，很多汉字都可以证明这一点。如罗网的“罗”既可以写作（网住大象），又可以写作（网住鸟）、（网住鹿）、

（网住老虎）、（网住兔子）、（网住野猪）等，最初造字时并无定形，在能够用网捕捉的动物中，选一个代表就行了。而甲骨文“狩”字中的“犬”，没有被别的动物替换的用例，说明“犬”在构成该字时，其作用是不可替代的。《说文》：“狩，犬田也。”所谓犬田，就是用犬去打猎。田猎的“猎”字从犬，很多可以充当猎物的动物也从“犬”，这说明，古人很早就开始使用犬进行捕猎了。犬的嗅觉灵敏，又通人性，可以帮助人们找到猎物的藏身地，因而成为古人打猎的好帮手。可见，甲骨文“狩”字中的“犬”，不仅不是捕猎的对象，反而是以捕猎者的身份出现的。

图2. 甲骨文中的“狩”

除了“犬”字之外，甲骨文“狩”字的另一半作Y、¥，或作Y、¥、¥，对于这部分字形究竟代表什么，还存在着一些争议。一般认为，写作Y、¥的，后来演化为干戈的“干”字；写作Y、¥、¥的，后来演化为“單”（也就是后来的“彈”）字，其实它们最初都是一个字，像一种捕猎工具的样子。这种工具刚开始只是一个简单的树杈，可以用来捶打或戳刺野兽，后来逐渐在树杈的两个顶端，分别绑上圆形的石块，以增加打击的力量。这种捕猎工具，不仅可以在考古发现中找到证据，而且可以在现代民俗中得到证明。半坡遗址出土了大量的经过琢磨的圆形石块；周口店遗址博物馆的放映厅里，也艺术再现了石器时代北京人用树杈和石块捕猎的场景；甚至远在南美洲的印第安人，也曾经使用过这样的工具；而更为鲜活的例子，就存在于云南纳西族不久前的田猎活动中。据瑞典人林西莉《汉字的故事》描述：纳西族人在半公尺长的绳子两头各拴一个石球，中间做一个绳扣，或者用绳头结一个把手，然后手执把手，让石头在空中旋转，待达到一定速度时，朝野兽的方向飞速抛出，击中猎物的身体或者缠绕猎物的腿脚。甲骨文中又可以增加一只手，作，正像手执长柄抛掷石块的形状，这更证明了这种田猎方式的推测并非臆想。只有树杈时作“干”，增加石块后作“單”，发明弹弓后作“彈”，用于打仗时作“戰”。这一系列汉字表明，古老的石块虽然在不断地演进，但其原始的踪迹则一直保留在汉字字形中。

随着田猎技术的提高和工具的改进，古人捕获的猎物越来越多，在满足人们食用之外开始出现盈余。怎么安置剩余的猎物，成了当时人面临的新问题。人们逐渐摸索着对猎物进行圈养，甲骨文的“牢”字正描述了这一过程：圈的是牛，圈的是羊，圈的是马。这些动物不怎么凶猛，可以圈养起来，以备食物缺乏时食用。圈养动物的做法，也标志着古人由田猎时代过渡到畜牧时代，由居无定所转变为有了相对固定的家。“家”的

构形是房子里面有一头猪，意味着饲养动物才是“家”的真正开始。罗常培《语言与文化》一书说：“中国初民时代的‘家’大概是上层住人，下层养猪。……现在云南乡间的房子还有残余这种样式的。”现代民俗学的考察证明，不只是在云南乡间，在其他不少地区，都可以看到“家”字所勾画的“人畜同舍”的情景，如傣族的竹楼、羌族的碉房、苗族的吊脚楼等。

图3. 金文中与畜牧有关的图形文字

在饲养动物的过程中，人们逐渐发现，动物不仅可以养来吃，还可以通过驯化，使之成为劳作的工具。在古代汉语中，表示劳作的意义常用“为”字，甲骨文写作，像用手牵着大象的样子。那么，劳作和大象有什么关系呢？原来，我国远古时期中原地区气温较高，湿度很大，十分适合大象生存。在山西、陕西、河南等地的旧石器时代遗址中，出土了不少大象化石。直到商代的遗址中仍然可见大象的遗迹，而且在甲骨文中，还有关于商王田猎时“获象七”的明确记录，说明在那个时候，大象在中原地区依然常见。只是到了西周时期，由于气候及其他原因，大象才被迫南迁。据文献记载，古人很早就开始驯化大象。如《论衡·书虚》记载，传说“舜葬于苍梧下，象为之耕”。这是用大象耕种的较早的记述。据罗振玉推测：“古者役象以助劳，其事或尚在服牛乘马以前。”后来，大象在中原地区逐渐为牛马所代替，但在南方的一些国家和地区，用象的历史则一直沿用了很久。如《史记·大宛列传》把当时的滇越国称为“乘象国”，唐代的傣族用象耕作，元明清时期用象作战等，都是对甲骨文“为”字所表示的古老劳作方式的传承。

（王立军）

汉字构形与古代农耕

中国是一个农业大国，农业生产有着极其悠久的历史。地下出土的远古文物表明，我们的先民早在五六千年前就已经大量使用磨制精美的农具了。这些农具当中，除了多数为石器外，还有各式各样的蚌壳。真没想到，蚌壳还曾在古代农业生产中发挥过重要作用呢！

其实，农业的“农”字的古文字字形，正记录了蚌壳和农业之间的密切关系。农，小篆作，其对应的楷书写法作“䢉”，由𦥑、辰、囟三部分构成。其中的“𦥑”是两只手的变形，农耕需要用手，这自然很好理解。但其中的“辰”是什么，“囟”又是什么，就很难从小篆字形中看得出来了。于是，我们只好追溯更早的字形，看能否找到答案。

“农”金文作（见图1第2行第2字）。从这个字形中我们可以发现，原来“䢉”中的“囟”并不是声符，而是“田”的变形。“田”四周有四个“中”，合起来就是“茻”，也就是草莽的莽，表示田野里草木十分茂盛的样子。田里长满野草，要

想种庄稼，就需要先把杂草除掉，字形的下面，正像手拿工具除草的样子。其中表示除草工具的部分，与小篆字形对应起来，正是其中的“辰”。那么，“辰”究竟代表一种什么样的除草工具呢？杨树达《积微居小学述林·释辱》：“寻辰字龟甲金文皆作蜃蛤之形，实蜃之初字。”杨氏认为辰这种农具就是“蜃”。蜃是一种大蛤蚌，古时候没有铁器，农民是用蜃壳来翻土除草的。这在《淮南子·氾论训》中有记载：“古者剡耜而耕，摩蜃而耨。”高诱注：“蜃，大蛤，摩令利，用之耨。耨，除苗秽也。”大汶口文化中期和龙山文化都出土发现了蚌制的镰。当时，人们的活动区域多为河流冲积的黄土地带，这里土壤肥沃而疏松，使用不太坚硬的工具，就可以进行耕作，这是石制和蚌制农具在当时得以广泛使用的原因。直至西周时期，石、蚌类农具仍大量使用。这时的蚌制农具已有蚌耜、蚌铲、蚌刀、蚌镰等。前二者是整地农具，后二者是收割农具。

“辰”和“囟”的来历搞清楚了，“農”字的构形问题就好解释了。把田、𦥑、辰三个部分结合起来理解，就可以得出这个字的本义：两手持蜃壳除去田里的杂草叫“农”。远古之时，森林遍布，在耕种播种之前，必定先要砍伐树木，清除野草，没有金属工具，只能靠打磨石器、木器或者蚌壳来作为生产工具，故先民手持摩锐之蜃壳以铲除杂草，翻松土壤，以便种植庄稼。故《汉书·食货志上》说：“辟土殖谷曰农。”

图1. 古文字中的“农”

还有几个字与“农”关系十分密切。先看“早晨”的“晨”字。“晨”字小篆作。《说文》：“䢅，早、昧爽也。从𦥑从辰。辰，时也。辰亦聲。”许慎把“䢅”当形声字来解释，是他没有真正理解“䢅”的构意。“晨”甲文作、，从辰从二屮，或从二木，与我们前面分析的“农”字构意完全相同。其实，“晨”和“农”本来就是一个字。“农”是下田除草，古人农耕非常辛苦，往往是“夙兴夜寐”，早晨起来就开始干活了，所以，当时人们就直接拿表示干农活的“农”字来表示早晨。后来“晨”字才逐渐从“农”字中分化出来，先写作“䢅”，从𦥑从辰，表示双手持蜃，其构意与“农”字仍无区别；后来为了强调早晨的时间意义，就改成从日作“晨”了。

再看“辱”字，其字从辰从寸。寸在汉字中一般都是表示手，和“䢅”中“𦥑”的作用相同。因此，从辰从寸的“辱”和从𦥑从辰的“䢅”，在构意上也就没有区别了。这说明，“辱”字同样是从“农”字分化出来的。“辱”本指以手持蜃除草的动作，也可指除草的工具，其字可加草字头作“蓐”（用“辱”字表示耻辱是假借的用法）。后来出现了木制的除草农具，“蓐”便又分化出“槈”；再后来出现了金属的除草工具，“槈”便又可写作“鎒”。《说文·木部》：“槈，薅器也。从木，辱声。鎒，或从金。”可见，随着生产的发展，制造工具所用材料的进步，也在字形中得到体现了。

“槈”字还有一种从“耒”的写法，即“耨”。《吕氏春秋·任地》：“耨柄尺，此其度也，其耨六寸，所以间稼也。”高诱注：“耨，所以耒耘苗也。刃广六寸，所以入苗间也。”据“柄长一尺，刃广六寸”可知，槈是一种很短的除草工具，人们使用时的姿势与持蜃并没有太大区别。

表示除草工具的“槈”之所以可以写作“耨”，是因为“耒”字本身就是一种农具。如果说蚌制农具是我国最早的生产工具之一的话，耒则是在传统农业中最为重要、使用历史最长的一种工具了。耒的使用是伴随火耕的需要而来的，火耕是一种比较古老的大规模的耕作方法。对于火耕而言，漫撒和点种是两种主要的播种方法。点种的主要工具就是尖头木棒。但是尖头木棒毕竟效率不高，先民为了满足增产的要求，在原始农具的基础上，创造性地改造了尖头木棒，形成了一种新的农业工具。这种新农具把尖头木棒延长，长到可以立着身子把持它的程度；同时在它的下部，距离尖端不远的地方，添加上一个短小的横木，用它作为踏脚，以便使木棒更容易深入土壤。这样，人们劳作时就省力多了。这种改造了的原始农具是“耒”的前身——“力”。

力和耒是甲骨文中所见的除蜃之外的主要起土工具。《说文》：“耒，手耕曲木也，从木从丰。”金文“耒”字形作或，从形体上可以看出，“耒”是一种带有两个杈的木棒，木棒上部是弯曲的柄，下部是分叉的耒尖，曲柄弯曲的方向可以向左，也可以向右。金文中耒字又作或，象手握耕具之形。

甲骨文“力”字作、，是独体象形字，从形体上看，是一种曲木棍上绑着踏脚横木的单齿发土农具。《说文》：“力，筋也。象人筋之形。治功曰力，能御大灾。” 这是说“力”的本义是人体的肌肉筋腱，引申出“力量”的意义。许慎的说解并非“力”的本义。徐中舒《耒耜考》曾明确表示：力象耒形。如“男”字，《说文》：“丈夫也。从田从力，言男用力于田。”“男”字甲骨文作，确实是从田从力，不过这里的“力”不是用力的“力”，而是表示类似于“耒”的农具。金文的“男”字又在“力”的上面增加了“手”形，作，像手握“力”这种农具耕田的样子。可见，“力”和“耒”在古文字字形中都是表示农具，二者形体比较接近，只是“力”下面没有歧出的杈形，而“耒”下面有歧出的杈形。

甲骨文的“耤”字，也非常生动地描绘出古人以“耒”耕田的场景。下面字形中一人手扶耒柄，脚蹬耒肩，一副十分用力的形象（见图2）。此字后来添加了声符“昔”，才变成了形声字。

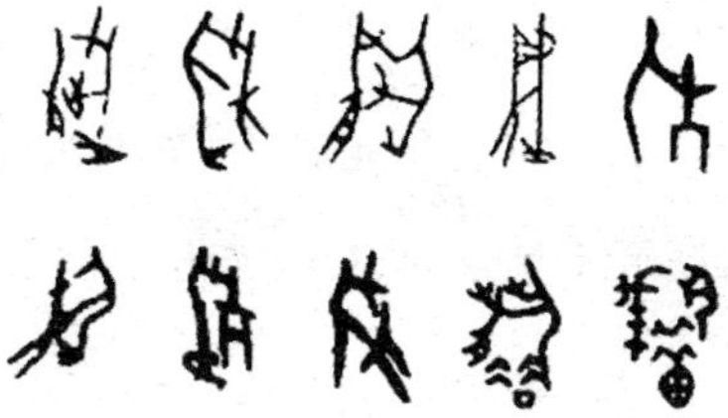

图2. 甲骨文、金文中的“耤”

谈到“耒”，就不能不说一下“耜”，因为古书中“耒”“耜”经常连用。从“耜”字从耒这一点，便可以看出二者间的密切关系。耒耜同为起土的工具，耜的形状和今天的铲比较相似，它起土的功效比耒好。《周易·系辞》是最早记载古人发明耒耜的文献：“神农氏作，斫木为耜，揉木为耒。”从“斫”和“揉”两种制作方法上，可以看出“耒”和“耜”在形制方面的不同：“耒”是用火烤的，而“耜”则是用砍削的方法做成的。“揉木为耒”就是用火将尖木棒柄部烤出合适的弯曲度；“斫木为耜”较耒复杂，需要将整段木材劈削成圆棍形的柄和铲状的刃。耒和耜是古代耕种的主要农具，二者连起来常用作各种农具的泛称。因此人们在为其他农具，特别是木制或装有木把的农具造字时，常常以耒为构字部件，如“耙”“耔”等。

随着现代科技的发展，农业工具已经发生了突飞猛进的变革，远古的蚌制和耒耜之类的农具，在现实农业生产中已经不见了踪影，但它们并没有从我们的文化中彻底消失，除了在博物馆里还能一睹它们的形象之外，汉字的字形中一直铭刻着它们在古代农业发展中的功绩。从“辰”到“力”，从“力”到“耒”，从“耒”到“耜”，汉字忠实地记录了古代农耕工具的演变轨迹，这进一步印证了汉字与古代社会文化之间的密切关系。

（王瑾 王立军）

汉字构形与古代陶冶

《孟子・滕文公上》曾提到许行的农家学说，主张每个人都要亲自种地才能吃饭，亲自织布才能穿衣。这种学说忽视社会分工，完全否定了市场交易，因而受到孟子的尖锐批判。孟子质问学习农家学说的陈相说："以粟易械器者，不为厉陶冶；陶冶亦以械器易粟者，岂为厉农夫哉？"许行种地需要用农具器械，他不自己亲自去制造，而是拿自己的粮食与制作器械的人交换，他不认为自己这样做是坑害了对方；但是他却认为对方不种地，拿器械去换粮食是坑害了农民，这种否认社会分工必要性的观点是明显站不住脚的。文中提到的"陶冶"就是指制作陶器、冶炼铁器的人，孟子把"陶冶"之人作为当时"百工"（各种手工业者）的代表，可见陶冶在当时社会中占有非常重要的地位。从考古发现的旧石器时代晚期的陶片来看，在中国，陶器的产生距今已经有11700多年的历史。到了商代，就已经出现了釉陶和初步具有瓷器性质的硬釉陶。陶器的出现，是人类发展史上的一大进步，它除了可以储藏粮食外，也使得人类在处理食物时，除了烧烤之外，又增加了蒸煮的方法。因此郭沫若说："陶器的出现是人类在向自然界斗争中的一项划时代的发明创造。"

虽然"陶"字出现较晚，但是陶器本身却与汉字的产生密不可分。在西安半坡文化遗址出土的一系列陶器中，就已经刻有零零星星的"符号"，大部分符号可以释读，它们很有可能是为了记录陶器中所存放的物品、数量等信息。我们可以这样说，烧制陶器的发明和汉字的产生几乎是同时的。"陶"是形声字，义符是阝，阝是"阜"字作偏旁时的省变，从"阜"的字意义都跟高地有关，如隆、陵、陆等。那么，陶器的"陶"字怎么会与高地有关系呢？《说文》："陶，再成丘也，在济阴。从阜匋声。《夏书》曰：'东至于陶丘。'陶丘有尧城，尧尝所居，故尧号陶唐氏。"所谓"再成丘"，按照三国时期孙炎的说法，是"形如累两盂"的土丘，也就是像两个摞在一起的用土烧制的陶器盂一样，当地因丘而得名，所以地名叫陶丘。这个地方汉代属于济阴郡，大致在现在山东的定陶附近。据说尧最初曾被封于陶丘，后来又迁到唐地，所以才称为陶唐氏。也正因为如此，尧的子孙后来才有的以陶为姓，有的以唐为姓。姓陶的祖先还有另外一支，那就是舜的后代。舜的后人虞阏在周朝时做了"陶正"的官，也就是专管制作陶器之事的官，后来虞阏的子孙就以官为姓，也姓陶。《姓纂》上解释陶姓的来源时说："陶唐氏之后因氏焉。虞阏为周陶正，亦为陶。"很简要地概括了两支陶姓的来历。可见，"陶"字之所以可以表示高地、地名以及姓氏，都跟陶器有着密切的关系。

其实，陶器的“陶”是因为用来表示陶丘才加上了“阝”字旁，原来表示陶器的字只写作“匋”。“匋”字金文作、，右上方像一个弯腰的人形，中间部分表示工具杵，最下面像一器皿，整个字形像一个人持杵在器皿中捣东西。具体是捣什么呢？《老子》说：“埏埴以为器，当其无，有器之用。”《荀子·性恶》也说：“故陶人埏埴而为器。”唐代杨倞注解说：“埏，击也；埴，黏土也。击黏土而成器。”通过捣击黏土而制作陶器，这正符合“匋”字的金文构形。原来，“匋”字中的那个人，是在拿着杵在器皿里捣黏土呢！这是制作陶器必需的程序。在新石器时代，先民就学会将具有黏性的土壤捣碎，用水调和，利用土的可塑性塑成各种器物。所选的黏土也是非常讲究的。《释名·释地》：“土黄而细密曰埴。”只有这种细腻的黄土，才能制作出精美的陶器。

《说文》对“匋”字是这样解释的：“匋，瓦器也。从缶，包省声。古者昆吾作匋。案：《史篇》读与缶同。”所谓“瓦器”，是一切用土烧制的器具的总称，这一点我们在《汉字构形与古代纺织》一节中会说到。而说“匋”的结构是“从缶，包省声”，这是许慎没有见到过“匋”的金文写法的缘故，他把“匋”字中人形解释为“包”字的省简，这是一种误解。许慎说“古者昆吾作匋”，是对古代传说的记述。昆吾是夏商之际的一个部族，据说是颛顼的后裔吴回的后代，吴回在帝喾时期成为了南方的部落首领，曾接替他的哥哥做了“火官”，即专门掌管火的官员。昆吾掌管火，他的后代发明烧制陶器的技术，这应该是合乎情理的。许慎还引用《史篇》说，匋“读与缶同”，这正点明了“匋”字与“缶”字的密切关系。“缶”甲骨文作，金文作、，如果再在右上边加上“人”形，就成了金文的“匋”字了，可见，“匋”“缶”二字实同出一源，都是表示捣土制陶之义。所以《说文》对于“缶”的解释也是“瓦器”。

缶除了做日常储物的容器外，还有一个特殊的功用，那就是充当打击乐器。《周易》：“不鼓缶而歌。”《墨子》：“息于瓴缶之乐。”李斯《谏逐客书》：“夫击瓮叩缶……真秦之声也。”这些记述，说明瓮缶瓴之类的陶器具古代经常被用作乐器。受缶类陶器可以充当打击乐器的启发，先民创造了许多形态各异的陶制乐器，如陶埙、陶鼓、陶铃、陶钟、陶角、陶响球等乐器，演奏方法有吹奏的、有击奏的、有摇奏的。在西周初年，人们依据制作材料将乐器分作八类，即：金、石、土、草、丝、木、匏、竹。这就是所谓的“八音”。其中的“土”就是指陶制的乐器，可见陶器在先秦时期的音乐生活中扮演过十分重要的角色。

用手工捏制的陶坯通常做工粗糙，厚薄不均。随着制陶技术的发展，原始社会末期出现了陶均。陶均是一种水平固定在短轴上的木质圆盘，人们将陶坯放在旋转的陶均上，在缓慢转动中逐渐修整陶器使之光滑均匀。“均”字是由“匀”分化而来的，与“匀”的意义有着密切的关系。关于“匀”的古文字构形，学界还没有统一的解释。金文中“匀”作形，《说文·勹部》：“匀，分也，从勹二。”朱骏声《说文通训定声》：“凡物分则少。二，犹分也。”“匀”的意思就是分，分的结果就是匀。但联系《汉字构形与古代丧葬》中所讲的“旬”字形，我们更愿意相信，“匀”的金文字形就像将泥片置于陶均之上，通过旋转使之厚薄均匀。

陶器必须用高温才能烧制成功。在制陶的过程中，先民逐渐认识了各种原料在高温烧制下发生的形态变化，当他们尝试用高温烧制金属矿物时，冶金业也就慢慢出现了。可以说制陶技术的发展为金属的冶炼提供了必要的条件。陶和冶都需要高温烧制，所以后来二者组合成一个双音词“陶冶”，比喻在困境中磨炼人的意志、培养人的情操。

陶冶的“冶”字，《说文》解释作“销也，从仌台声”。仌，是古“冰”字。许慎认为冶炼金属就像融冰一样，所以用“从仌”释“冶”。但是，考察“冶”的早期字形，并不从“仌”。金文中“冶”字作、、等形，战国文字中“冶”的较典型的写法增加了“火”部作，从刀从火从口从二。其中从火很好理解，从刀（或从刃、从斤）表示冶炼而成的器具，而从口从二则众说不一。不少人认为，“口”“二”是装饰性符号，也就是多余的没有实际意义的笔画。不过，联系“金”字的构形，将“二”理解为装饰性符号的说法似乎并不能成立。

“金”在古代是金属的总名，并不专指黄金，常见的有所谓的“五色金”，即黄金（金）、白金（银）、青金（铅）、赤金（铜）、黑金（铁）。“金”字金文写作、等形，人们对其构形的认识也不一致。但多数人认为字中的两点或三点象金属饼块或矿石之形，右侧下面是“土”字，表示金生自土中，上面的即是“今”字，充当声符。在西周铭文中，“金”有时就写作，足以证明这些点并非羡符。同时也说明，冶炼的“冶”字中的“二”，既不是冰，也不是羡符，而是用来冶炼金属器具的金属饼块或矿石。

“矿”字的古文作丱。段玉裁《说文解字注》解释为“在石与铜铁之间，可为铜铁而未为成者也”，也就是矿石。“丱”字的构形应该是模仿矿井的形象。据《周礼》记载，当时就已经有“丱人”这样的官职，专门掌管金玉锡石之地，甚至在殷商卜辞中就已经出现视凿金于山为国之大政的描述。这说明，矿石的开采和管理很早就受到官方的重视。

冶炼金属的目的就是要铸造各种各样的金属器械。“铸”字《说文》解释为“销金也”。甲骨文和金文作、等形，上面像两手掬着铸器，下面为器皿，器皿内有火。也有人认为前一形体像手持器具将金属溶液倾倒入器皿之中，这个器皿就是铸造器具的模型，也就是所说的“范”。“模范”二字连起来可以指典型和榜样，就是从铸造器具引申而来的。“铸”字后来到睡虎地秦简时变成了，由金、火、寿三个部件组成，前两个部件表意，后一个部件表音，整个字变成了形声字。再后来，部件火省去，就成了现在的左金右寿的“铸”字了。下图中第一行为未加

图1. “铸”字的演变过程

声符“寿”的“铸”，下一行为添加声符“寿”的“铸”。

金属器具除了采用浇铸法制造之外，还有一种打制的方法，文雅的说法叫锻造，通俗的说法叫打铁。《急就篇》颜师古注：“凡金铁之属，椎打而成器者谓之锻。”“锻”字原来并没有金字旁，甲骨文作。一般认为，“段”的构形像手持工具从崖壁上凿石头的样子，其中的两短横正与“金”“冶”中的两笔相同，象矿石之形。《左传》记载，宋国褚师段字子石，郑国公孙段字伯石。古人名和字相应，这就从侧面印证了“段”的本义确实与矿石有关。后来，“段”逐渐引申为通过捶打烧软的金属，来制作刀斧之类的器械，于是便添加了“金”字旁作“锻”。锻的过程对于器械的质量非常重要，据东汉《太平经》卷七十二记载：“使工师击冶石，求其铁烧冶之，使成水，乃后使良工万锻之，乃成莫邪耶。”一把像莫邪一样的古代名剑，需要“万锻”才能制成，这就启示我们，一个人要想成为良才，就必须在艰难困苦中反复“锻炼”。

（唐雪 王立军）

汉字构形与古代纺织

中国历来以纺织业著称于世，古老的“丝绸之路”代表着中国古代纺织业的辉煌。从考古实物看，早在旧石器时代，纺织工具就已经出现了。这些纺织工具在古汉字字形中得到了形象的再现。

例如，手纺车上一个重要的工具叫纺锤，纺锤的作用是将棉麻丝絮捻成线并缠绕在它上面，其形体细长而两头较尖。远古时期的纺锤是用泥土烧制的，所以当时称作“纺砖”。虽然称作纺砖，但其形状并非现在盖房子用的长方形的砖，而是像橄榄球的样子。纺砖的“砖”的繁体字作“磚”，或从土作“塼”。从“土”的意思是表示纺砖是用泥土烧制的，从“石”的意思是表示纺砖经过烧制后坚硬得像石头一样。其实，“砖”最初既不从石，也不从土，而只是写作“専”。“専”甲骨文作，是个会意字。左边的部件是“又”，“又”就是手，也写作“寸”；右边的部件像纺砖的形象。手和纺砖组合在一起，表示用手纺线之义。“専”在甲骨文中也可以不加“又”，而只写作，隶书

写作“叀”。这是一个象纺砖之形的象形字。其中表示缠绕在纺砖上的丝线，像被丝线缠绕着只露出其下端的纺砖，像一根插在纺砖孔中的带有分叉的捻杆。当时的纺砖应该是中空的，靠捻杆架于纺车上，用手摇动纺车使捻杆带动纺砖旋转，从而捻制丝线缠成线纶。

线纶又称线繐。其实，“线繐”的“繐”和纺砖的“叀”本来是一个字，都写作。如果着眼于中的，就是纺砖；如果着眼于中的，就是线繐。这种由于着眼点不同而形成一个字形记录不同词的现象，在文字发展的初级阶段是较为常见的。比如甲骨文中的字，如果着眼于字形所象的事物，那就是“月”，如果着眼于月亮出来的时间，那就是“夕”。这些造字时所产生的同形字，会影响到文字记录功能的明确性，因此后来人们往往通过添加形符、声符或者记号的方式，来分化它们的职能。如添加“又”构成“叀”，专门表示纺砖的意思；添加“心”构成“惠”，因为甲骨文中字经常被借去表示恩惠；“惠”再添加“糸”构成“繐”，专门表示线繐；“惠”再添加“禾”构成“穗”，专门表示麦穗，因为麦穗与线繐的形状相似；而“叀”再添加形旁“車”构成“轉”，因为纺砖的一个重要特点就是旋转。由此可见，“叀”“叀”“磚”“塼”“轉”“繐”“穗”等一系列的字，都有着密切的关系，它们是从同一个字源派生发展出来的，因此说，汉字字符不是孤立的个体，而是一个有机的系统。

纺线的过程古代叫“绩”，《诗经》中的“不绩其麻”“八月载绩”，指的就是纺线。因为“绩”颇有技术难度，所以后代称所取得的成就为“成绩”。纺线是古代女子一生中的重要工作，在男耕女织的社会里，为了掌握纺织技术，女孩儿一出生，父母便让她接触纺织之事，以祈求她长大后能够成为一个巧手的织女。《诗经·小雅·斯干》中写道：“乃生男子，载寝之床，载衣之裳，载弄之璋。……乃生女子，载寝之地，载衣之裼，载弄之瓦。”大意是说：如果生了男孩，要给他睡在床上，穿着衣裳，给他玩弄玉璋；如果生了女孩，就让她躺在地上，裹着襁褓，给她玩弄纺砖。这里的“瓦”并非指屋瓦，而是指纺砖。《说文》：“瓦，土器已烧之总名。”汉代毛亨解释说：“瓦，纺塼也。”古代“瓦”可以泛指一切用土陶制的器物，当时纺砖也是陶制的，因而也可以称作“瓦”。所以，《诗经》中的“弄瓦”，是指让女孩生下来就“把玩纺砖”。后来，《诗经》中的这句话被用作典故，“弄瓦”也就逐渐成为生女孩的代称。唐宋八大家之一苏洵有一个朋友叫刘骥，苏洵26岁时，其妻又生了第二个女孩，邀请刘骥赴宴。刘骥酒醉后吟了一首“弄瓦”诗：“去岁相邀因弄瓦，今年弄瓦又相邀。弄去弄来还弄瓦，令正莫非一瓦窑？”（令正是对别人妻子的敬称）这里，刘骥利用“瓦”既可以指纺砖，又可以指屋瓦的两种意义，故意形成歧义，以收到戏谑、调侃的效果。

线纺好后，下一个工序就是织布了。织布时先将丝线按纵向张设在织布机上，分上下两层，这叫作经线；然后将线纶安装在梭子里，横向来回穿插于经线之间，形成纬线；经线和纬线交织在一起，便成了布匹。地理学中将地球仪上纵向的分度线叫经度，横向的叫纬度，便是从纺织业借来的名词。《说文》：“经，织纵丝也。”“纬，织横丝也。”“经”的繁体字为“經”，最初只写作“巠”，金文作𢀖。根据古文字学家林义光的说法，巛象纵向的丝线，巛下部的构件工象塍形。《说文》：“塍，机持经者。”塍就是织布机上的一个构件，用来决定经线的密度，保持经线的位置。可见，字形𢀖所反映的正是“织纵丝”的情景。“经”是在“巠”旁加上义符“糸”构成的形声字。在织布时，经线有两个特点：其一，经线是被固定住的，只是纬线在梭子的引导下，在经线间来回编织，所以“经”便引申出“经常”“经典”等义；其二，纵向的经线被拉得很直，所以从“巠”的字多有“直”义，如表示脖子的“颈”，表示植物的干的“茎”，表示小腿的“胫”，表示小路的“径”，等等。

布织到一定长度（一般是四丈长）时，便要将已织好的布与经线断开，从织布机上取下，叠在一起，就是一匹布了。割断布匹的场景，在汉字中也有很好的体现。如“绝”字，《说文》解释说：“断丝也。从糸从刀从卩（节），𢇍古文绝，象不连体，绝二丝。”“绝”字的字形发展过程如下：

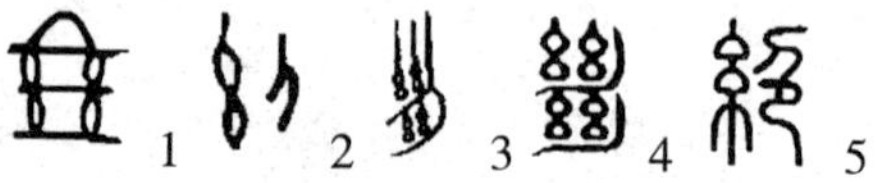

图1. “绝”字的发展过程

第一个字形是连在一起的两束丝（因为布的形象较难描绘，所以以丝代布），其上加了三横，表示丝线已被截断。第二个字形从糸从刀会意，表示以刀断丝之义。第三个字形，部件“刀”穿插在被截断的两束丝中，也是一个会意字。第四个字形来自于《说文》所收的古文，与第三个金文字形一脉相承，但小有讹变，“刀”变成了两条不相连的线。第五个字形是小篆，“绝”变成了从糸从刀从卩（节）的会意字。而小篆字形右边从刀从卩的部件，又与从人从卩的“色”字形体非常接近，后来“绝”就变成了从糸从色的字，其构形理据便变得有些模糊了。

与“绝”字有密切关系的，还有两个字。一个是“断”字，小篆作斷，《说文》：“斷，截也。”“断”是个会意字，右边的偏旁“斤”就是斧头，是用来砍劈的工具，《孟子》中的“斧斤以时入山林，材木不可胜用也”，用的就是其本义；左边的“𢇍”就是古文“绝”字。“𢇍”和“斤”组合在一起，就可以会出用斧子砍断的意思。另一个是“继”字，段玉裁《说文解字注》说：“繼（继），续也。从糸㡭。㡭，古文繼，反𢇍为㡭。”将断开的丝线重新续接上，就是“继”的本义。“反𢇍为㡭”的“反”有两层意思：从字形上来说，将“绝”的古文翻转180度，就是“继”的古文；从词义上来说，“继”和“绝”是反义词，王逸注《周易》时就说：“继，不绝也。”意义相反的两个词用置向相反的两个字来记录，这种造字方式确实很奇特，但在《说文》中却并不罕见，如“反比为从”（“比”“从”都是由两个“人”构成的，但方向相反）、“叵从反可”（“叵”是不可的意思，其字形就是把“可”反过来）等，都属这一类。从这些字中，我们可以看到古人在造字时所闪现的哲思的光芒。

纺织是一项极需要耐心的工作，要想将一丝一缕织成布匹，需要经过“鸡鸣入机织，夜夜不得息”那漫长的辛苦劳作，又要忍耐“唧唧复唧唧”那单调机械的寂寞。正因为如此，纺织常被用作发奋努力的励志譬喻。除了著名的孟母“断织教子”的典故外，《后汉书·列女传》还记述了乐羊子妻“断织教夫”的故事：古时候河南有个叫乐羊子的人，在妻子的激励下外出求学，但刚学了一年就弃学回家了，他的妻子问他为何回来，乐羊子说出门久了心里想家，并没有其他特别的原因。妻子就拿起剪刀快步走到织布机前，说：“此织生自蚕茧，成于机杼。一丝而累，以至于寸，累寸不已，遂成丈匹。今若断斯织也，则捐失成功，稽废时日。夫子积学，当‘日知其所亡’，以就懿德；若中道而归，何异断斯织乎？”大意是说：这上面织物来自蚕茧，用织布机织成布。一丝一丝地积累起来，才达到一寸，一寸一寸不停积累，才织成一丈的布匹。现在如果割断这些丝线，就会前功尽弃，白费时光。您积累学问，应当每天学到自己不知道的东西，以此来成就您的美德；如果半途而废，不就像剪断这些丝线一样吗？乐羊子被妻子的话所感动，就回去继续完成了学业。乐羊子妻“断织教夫”的故事，至今对我们仍有很强的教育意义。

（王立军 张翼飞）

汉字构形与古代建筑

据《周易》记载："上古穴居而野处，后世圣人易之以宫室，上栋下宇，以待风雨。"意思是说，上古的时候，人们住在洞穴里，后代的圣人开始建造房屋，上有栋梁，下有屋檐，用以躲避风雨。由此可知，我们的祖先最初是居住在洞穴里的，直到后来有"圣人"出现，才发明了房子。原始人的洞穴多是天然的山洞，这一点从考古发现中得到了证明。早在几十万年前，北京猿人就已经居住在山洞里了。随着原始人活动范围的扩大，天然洞穴已无法满足生活的需求，于是依地势而建造的人工洞穴开始出现。人工洞穴深浅不一，有的一半露在地面上，用土筑成，这就形成了纯穴居到半穴居的过渡。半穴居的建筑必须有墙和屋顶，为后来的地上建筑打好了基础。直到现在，我国陕西某些地方还有窑洞，这其实就是古代穴居文化的一种延续。

在人们移居到地上生活以后，"宫室"成为了房屋的通称。宫和室本来是可以不分的，所以《尔雅》说："宫谓之室，室谓之宫。"当时的"宫"并没有宫殿的意思，宫殿的意思是秦汉以后才产生的。在上古的时候，不管什么身份的人，所住的房子都叫宫。郝懿行《尔雅义疏》：“古者贵贱同称宫焉。”如《孟子·滕文公上》说：“且许子何不为陶冶，舍皆取诸其宫中而用之？”其中“许子”是指古代农家学说的倡导者许行。全句的意思是说，许行为什么不亲自去制作做饭用的陶器、耕种用的铁器，而是什么工具都从自己家里拿来用呢？这里的宫中，就是指许行家里。可见此时的“宫”确实是指一般人居住的地方。“宫”字甲骨文作、，其中为屋子的整体轮廓。里面的两个“口”或相离，或相连。有的字形则没有外面的轮廓，只写作或（见图1）。按照罗振玉的解释，这些“口”是“象有数室之状”，或者“象此室达于彼室之状”。这说明，当时“宫”的形制已经比较复杂了，再也不是先民穴居时简单的“单人间”了，而至少是经过改良的“两居室”了。

图1. 甲骨文中的“宫”

《释名》：“宫，穹也。屋见于垣上，穹窿然也。”穹是圆形的屋顶，垣即墙。将《释名》的解释与半坡遗址的房屋复原模型相对比，可以肯定，当时的“宫”是在圆形基础上建立围墙，墙的上面覆以圆锥形屋顶。这种有墙有顶的“穹窿”房屋，相对于当时的“穴居”来说，无疑是一种较为高级的建筑形式。

秦汉以后，为别尊卑，宫才从一般住房的意义演变成帝王居所的专用名词。这正如东汉应劭《风俗通义》所说：“自古宫室一也。汉来尊者为号，下乃避之也。”皇帝把宫作为自己住处的专称，普通百姓就只好避开这个字不用了。就好像“雉”本来是野鸡的称呼，但到了汉代太后吕雉掌权后，谁也不敢再称野鸡为“雉”了。

再看“室”字。《说文》解释说：“室，实也。从宀至声。室、屋皆从至，所止也。”甲骨文，是从宀从至。它的形体结构从甲骨文到后来的金文没有很大的变化。有的甲骨文“宀”下面有两个“至”，意思与一个“至”是一样的。“至”甲骨文作，像箭从远处来降到地面的情形，有到达的意思，因而引申为止息，即停留在某一个地方居住的意思。《释名》的解释很能体现“室”这种功用特点：“室，实也。人物实满其中也。”这是用声训的方法来解释“室”，通俗地说，就是“室”里住满了人，摆满了东西。

洪成玉认为，室的初义就是穴室。《诗经·唐风·葛生》：“百岁之后，归于其室。”郑玄笺：“室，犹冢圹。”冢圹即墓穴。王力先生认为，在远古时代，室就是穴，穴就是室，因为当时人们居住的地方就是“穴”。到了殷代，有了上栋下宇的房屋建造，人们的居住地由地下搬到了地上，室和穴才有了分别。

最初人们建造的房屋内部单元比较简单，“室”和“宫”一样，都可以泛指人所居住的房屋。后来，随着建筑水平的提高，房屋逐渐形成了一定的格局模式，“室”便逐渐成为一套住宅内部的一个组成部分。这个时候的住宅，一般由堂、室、房三个主要部分组成。前面是堂，通常是行吉凶大礼的地方，不住人。堂的后面是室，住人。室的东西两侧是东房和西房。整栋房子是建筑在一个高出地面的台基上的，所以堂前有阶。要进入堂屋必须升阶，所以古人常说“升堂”。《论语·先进》记载，孔子曾对学生们说：“仲由弹瑟怎么配在我的门下呢？”学生们因此瞧不起子路。孔子于是又说：“仲由嘛，也可以说是升堂了，只是尚未入室罢了。”孔子用庭院来比喻子路弹琴的技艺好坏，认为子路弹琴虽然还没有达到步入孔子内室的程度，但也算是登到了他的堂上了。这就是成语“登堂入室”的来历。

《释名·释宫室》说：“古者为堂，自半以前虚之，谓之堂，自半以后实之，谓室。”可见室与堂是有区别的，其用途也不相同。“堂”是整个房屋建筑靠前面的部分，堂没有前墙，是敞开式的，只有东西两根楹柱支撑，所以比较敞亮、开放，是人们祭祀、视朝、接待宾客的地方。《孟子·梁惠王上》记述了这样一件事：“王坐于堂上，有牵牛而过堂下者，王见之。”王问这牛要牵到哪里去呀，对方回答说要前去杀了举行祭祀，王说：“我不忍心看到它被吓得哆哆嗦嗦的样子，还是放了它吧！”王坐在堂上面，之所以能够清楚地看到堂下发生的事情，就是因为堂是敞开的。

堂与后面的室之间有墙隔开，并有户相通。“户”在古代经常与“门”相对，“门”是较大的门，“户”是较小的门，“户”的甲骨文字形正是（“门”）的一半。有了堂的遮挡，室就显得私密、封闭得多。室是人们日常生活起居的地方，室内主要的活动者是妇女，因此“室”又引申指“妻子”。《礼记·曲礼上》：“三十曰壮，有室。”郑玄注：“有室，有妻也，妻称室。”

图2. 甲骨文中的“门”

“室”两旁的建筑叫“房”，也用于地位稍低之人居住。由于“室”在房屋中的中心地位，所以在古代的婚姻形态中嫡妻又被称为“室”或者“正室”；相应地其他妻子也即妾就被称为“房”了，这也是由“房”在整个宫室建筑中的地位反映的。“房”处于整个宫室建筑比较偏、侧的位置，所以古代称妾为“房”。后代也用“房”来指嫡妻，妾则被称为“偏房”或“侧室”。

古代的房子一般是朝南的。在室的北墙上一般要开一个窗户，这个窗户古代称作“向”。“向”字甲骨文作、，正像房子上有窗户的样子。金文中的则更为形象。《说文》：“向，北出牖也。从宀从口。”意思是向北的窗户。正因为“向”强调的是北边的窗户，方向性很强，所以“向”字后来便有了方向的意义。古代常用来指称窗的字有两个：一个是囱，即现在的“窗”字，《说文》：“囱，通孔也。”指在墙上挖的通气、透光的孔；另一个是牖，《说文》：“牖，穿壁以木为交窗也。”指在墙上挖出个孔，然后穿上木棍作为窗棱。“牖”字的左边从“片”，就是因为窗户需要穿上木棍或木片。“片”的小篆字形正是（“木”）的一半。上古时期人们的居住条件是很简陋的，所谓的窗户就是在墙上掏一个洞，复杂一些也只是在洞上穿木棍，不像后来有窗框、窗扇等复杂的结构，更没有精致的雕琢、艳丽的色彩。既然已经有了两个可以泛指所有窗户的字，为什么还要单独为房子北面的窗户造一个字呢？有学者认为古代房子的北墙按规矩是没有窗户的，但民间有些人不管那么多规矩，在房子北墙掏出个窗户，由于这样的窗户比较特殊，人们便给它造了一个专用字“向”。《诗经·豳风·七月》所说的“塞向墐户”的“向”，就是指北边的窗户。“墐”是用泥涂抹的意思。古人冬天为了保持室内温度，要堵住北窗，并用泥把南门（用荆竹编扎的）涂实，以防冷风吹入室内。

从地下、半地下的穴居到走向高土而“安居”是人类文明的提升，由单一、直筒的“穴”发展到含有“套间”的“宫”，再发展到堂、室、房分立的大套房，我们能从汉字字形上体会到先民在人类文明提升的过程中对“居”的重视。安居才能乐业，不可否认，人类居住条件的改善也为农业文明的产生与发展提供了条件。这种反映在汉字形体中的古代建筑、居住文化信息，既是社会生产力发展到一定水平的一种外在表现，又是人类精神文化需求达到一定水平的必然产物。

（姚昀菁 王立军）

汉字构形与古代货币

中国虽然是一个农业大国，但商业活动的历史也十分悠久。作为商品交换媒介的货币，在甲骨文中就有明确的记载，只不过那时的货币是用实物来充当的。

甲骨文中所见到的主要货币形式是贝，这也是我国考古资料所能证明的最早的货币。“贝”字甲骨文作、，象贝壳之形；西周金文作、、，逐步将贝字上部和下部的开口处写成闭合状，并在字的下部衍生出“八”形；战国睡虎地秦简作，进一步将字形顶部的两个尖角拉平，使字形主体部分写作“目”形，与繁体字“貝”已经十分接近。《说文》：“贝，海介虫也……象形。古者货贝而宝龟，周而有泉。至秦，废贝行钱。”“海介虫”就是海洋中带甲壳的动物，“泉”就是“钱”(见下文)。大意是说，贝是一种带甲壳的海洋生物，古时以贝为货币，以龟为宝物，周代起开始有了钱这种货币形式，至秦代废弃了贝，而钱得以广泛流通。这里讲述了贝作为货币通行的大致历史。贝在原始社会末期就曾长期充当一种等价交换物，

而在夏商时期，即我国进入奴隶制社会时期以后，它开始成为主要的货币形式，直至春秋时期，金属铸币广泛流通，这时它才逐渐退出流通而成为单纯的装饰品。至秦始皇统一货币之时，贝最终在法律上失去了货币资格。贝之所以能够成为社会交易的一般等价物，与其在当时社会的稀缺性有关。贝产自南方海中，对于北方的夏、商、周来说，是一种外来物品。而且贝壳不用分割，本身即可成为天然的计算单位，是充当货币的好材料。

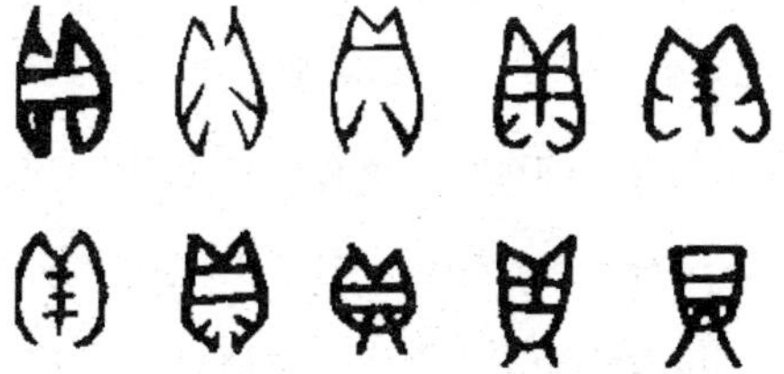

图1．甲骨文、金文中形形色色的“贝”

贝作为货币，其计量单位为“朋”。“朋”字甲骨文作、，金文作，形似两串玉或贝连在一起。后来，原本连缀一体的字形逐渐分为两部分，同时笔画稍加延长，演化为、等形，已近似于现在的写法。王国维《观堂集林》卷三《说珏朋》：“殷时玉与贝皆货币也……其用为货币及服御者，皆小玉小贝而有物焉以系之。所系之贝玉，于玉则谓之珏，于贝则谓之朋，然二者于古实为一字。”一“朋”贝的数量有人说是五个，有人说是十个。《诗经·小雅·青青者莪》：“既见君子，锡我

百朋。”（锡：通“赐”，赏赐）郑笺：“古者货币，五贝为朋。”这是一朋五贝的例证。而王国维则认为一朋十贝，其《说珏朋》云：“余意古制贝、玉，皆五枚为系，合二系为一珏，若一朋。”郭沫若也赞同一朋十贝的观点。就“朋”字的金文形体来看，双数似乎更具合理性。

既然贝是货币，那么很多与钱财有关的字，都选择“贝”作义符，如“财、购、贷、赚”等。货币的“货”字自然也离不开“贝”。“货”字出现较晚，最早见于战国古文字中，形体为、。《说文》：“货，财也。从贝，化声。”其实，其中的声符“化”在“货”的构形中也有表意作用。“化”即变化，“化”与“贝”组合，表示通过交易使自己所拥有的财物发生变化。在文献中，也有将货币之“货”直接写成“化”的，如战国时期齐国的刀币上就写有“齐之法化”，意思就是齐国的法定货币，这就更加证明了“化”和“货”之间的密切关系。

除了用贝充当货币外，上古时期还曾尝试用其他实物作为交换媒介。如货币的“币”最初也曾发挥过类似的作用，“币”字繁体作“幣”，《说文》：“幣，帛也。从巾，敝声。”可见，币本指缯帛之类的丝织品。由于丝帛华美贵重，古人常用以祭祀或赠送宾客，所以“币”在古汉语中常特指用作“礼物的丝织品”，也就是“束帛”。如《史记·货殖列传》：“子贡结驷连骑，束帛之币以聘享诸侯。”“束帛”是有特定数量的，每束十卷，每卷一丈八尺，共十八丈。正是由于币同时具有贵重和数量一定的特征，因而逐渐引申为货币的称谓，与货币之“货”同义，如《史记·吴王列传》：“乱天下币。”

随着商业活动的日益频繁，用实物充当货币的办法已不能满足社会的需求，于是人们开始尝试一种新型的货币——金属铸币。最初的金属货币是殷周之际的铜仿贝，后来逐渐出现了铸造成农具样式的钱和鎛。

“钱”繁体字作“錢”，从金，戔声。《说文》：“錢，铫也。古田器。”铫是我国古代的一种农具，类似于现在的锹铲。《庄子·外物》：“春雨日时，草木怒生，铫鎒於是乎始修。”《说文》用“铫”解释“钱”，可见，“钱”也是一种农具。“钱”字从金，说明这种农具与金属有关；“戋”除了具有表音的作用外，还兼表意。从“戋”之字多有小、少之义，如“贱”（钱少曰贱）、“浅”（水少曰浅）等。“錢”字从“戋”，义为一种小型的农具。春秋战国时期，有些国家的金属货币常常铸成钱这种农具的样式，从那个时候开始，货币便开始有了“钱”这个名称。

“钱”古人又称“泉”。《礼记·檀弓》郑玄注：“古者谓钱曰泉。”上引《说文》也说：“古者货贝而宝龟，周而有泉。至秦，废贝行钱。”“泉”为合体象形字，甲骨文作、，《说文》小篆作，像泉水从泉眼中涓涓流出的样子。“泉”字形体与货币本不相关，之所以用“泉”称“钱”，主要是由于“钱”与“泉”古音相同，而且“泉”有流布广远的特点，与钱

的流通特点很相似，于是后人附会其义，把“泉”当作了“钱”的代名词。王莽钱文有“大泉五十”，即是“钱”“泉”通用的例证。

除了钱之外，金属货币也常铸成另一种农具鎛的样式。《广雅·释器》：“鎛，鉏也。”“鉏”是锄头的“锄”的异体字，说明鎛是一种锄头。《诗经·周颂·臣工》：“庤乃钱鎛。”意思是说，准备好你们的铁锹和锄头。铸成锄头样式的货币，理应称作“鎛币”，但人们却常常把它们称作“布币”，这是为什么呢?

我们还得从“鎛”的字形结构找原因。“鎛”是个形声字，从金，尃声。“鎛”的声符“尃”也是个形声字，从寸，甫声。“尃”的声符“甫”仍为形声字，其小篆字形为，从用，父声。这样，追查到底，“鎛”字是间接从“父”得声的。其形声关系图示如下：

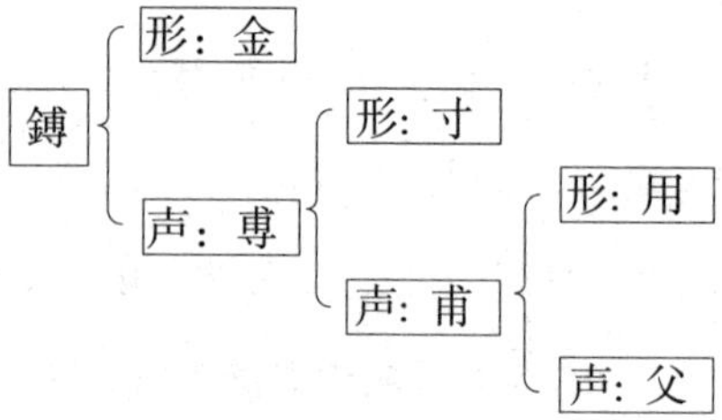

图2. “鎛”字的结构层次示意图

再看“布”字。“布”小篆作，《说文》分析其结构为“从巾，父声”。原来，作为锄头的“鎛”和纺线织成的“布”，都是直接或间接从“父”得声的。声符相同，读音必然相近，可以构成通假关系。同时，由于“布”有铺展开的特点，也可以引申为流布广远之义，这跟货币广泛流通的特点十分接近，因而，“鎛币”称为“布币”，既有声音上的联系，又有理据上的根据，这与以“泉”称“钱”的道理是极其相似的。《诗经·卫风·氓》有“氓之蚩蚩，抱布贸丝”，《周礼·天官·外府》有“掌邦布之入出”，其中的“布”都是货币义。

上文曾提到的刀币，也是一种模仿生产工具铸造的金属货币，主要流通于春秋战国时期的齐、燕、赵、越、中山等国。考古发现，还有一些很小的国家也曾使用过刀币。例如，有些出土的刀币上有、之类的字样，按照刀币的文例，这应该是刀币所属的国名。那么，这应该是哪个国家的货币呢？

有人认为，或应为二字合写在一起，这种现象在古文字学里叫“合文”。其中的应为“非”字。“非”字甲骨文作，金文作、等形，象鸟飞翔时两翅相背之形。到小篆变为，楷书将其弯笔拉直，成为现在所写的“非”。中的另一部分应为“邑”字。甲骨文“邑”字作，其下部象人跪跽之形，上部象城邑之形，合起来表示人居住的地方。是“邑”的省简变异的写法，从“邑”的字意义都与城邑有关，现在很多形声字右边的部件“阝”（也就是我们俗称的“右耳朵”），就是从“邑”演变过来的，如都城的“都”、城郭的“郭”等。就连村庄的“村”原来也是从“邑”的，小篆写作，楷书写作“邨”，从邑、屯声，后来才写作从木、寸声的“村”。正因为表示地名的字多从邑，所以也有人认为，、并不是合文，而是在“非”字的基础上增添了与地名有关的义符“邑”，按照楷书应该转写成“𨚗”或“郱”。现在已经很难证明“非邑”到底是一个字还是两个字，但有一点是多数人都认可的，“非邑”或“𨚗”所表示的地方就是《左传》记载的肥国。《左传·昭公十二年》：“晋荀吴伪会齐师者，假道于鲜虞，遂入昔阳。秋八月壬午，灭肥，以肥子绵皋归。”公元前530年，晋将荀吴诈称要与齐国会盟，向鲜虞借道，攻入肥国的都城昔阳，两个月后灭掉了肥国，肥国的国君绵皋成为晋君的俘虏，从此肥国在历史上就不复存在了。文中的“肥子”是对肥国国君的敬称，就如同把楚国的国君叫“楚子”一样，都是按诸侯国的爵位称呼国君的。肥国写成“非邑”或“𨚗”，是文字的假借，因为“非”“肥”古代读音完全相同。这种地名用字的假借现象，在古文字中是十分常见的。

（王立军 张靓）

汉字构形与古代饮食

“民以食为天”，“天”在我国古人的意识中是神圣不可侵犯的，象征着最高的权力，然而“食”却能与“天”相提并论，其重要性可见一斑。人类与食俱在，我国古代的先民早已意识到了这一点。《礼记·礼运》说：“饮食男女，人之大欲存焉。”

饮食进入文化的范畴，要从熟食开始。燧人氏钻木取火的传说已经在考古资料中得到了印证。自从学会用火之后，人类才告别了茹毛饮血的蛮荒时期，从而真正步入文明时代。因此，火促进了人类饮食习惯的重大变革，也促进了人类文明的重要发展。《礼记》在追溯人类与火的历史时说：“昔者先王，未有火化，食草木之实、鸟兽之肉、饮其血、茹其毛……后圣有作，然后修火之利……以炮，以燔，以烹，以炙。”郑玄注：“炮，裹烧之也；燔，加火上；烹，煮之镬也；炙，贯之火上。”这里所说的炮、燔、烹、炙，是当时用火加工食物的四种方式，它们的不同特点大致可以从其字形结构中得当反映。

“炮”字从火包声，其中的部件“包”除了表示声音之外，还表示包裹的意义。郑玄注所说的“裹烧之”，也就是用泥巴包裹着食物放进火里去烧，这种加工食物的方式类似于现在的“叫花鸡”。关于叫花鸡，民间流传着这样一个传说：古时候江苏常熟有个叫花子，有一天很幸运讨了一只鸡，他怕其他叫花子知道后也来分享，便将整只鸡连毛用荷叶包裹好，再涂上泥巴伪装起来，胡乱塞入火堆里烧烤，等别的叫花子都不在时，他赶忙把鸡从火堆里扒出来，砸掉裹在外面的泥巴，他惊喜地发现，烧鸡不仅通体金黄，而且味道异常香酥可口，还略带泥土的芬芳，堪称是鸡中极品，从此以后叫花鸡便成了一道名菜。其实，从“炮”的字形以及《礼记》的记载来看，类似叫花鸡的做法早在几千年之前就已经出现了。

“燔”和“炙”都是放在火上烤，在古代二者肯定是有区别的，但现在我们已经无法考证二者到底有什么不同了。从“炙”的字形看，下面是火，上面是“肉”的变形，再结合郑玄所说的“贯之火上”，可以想见“炙”是将肉串起来，架在火上去烤，估计与现在的烤羊肉串的做法差不多吧。不过，当时的烤法不一定非得把肉切成小块，有时候也会把整只动物串起来架在火上烤。

“烹”是一种用水煮食物的熟食方法。“烹”字原来并没有下面的部件，只写作“亨”。《说文》小篆字形作，所解释的本义是把煮熟的食物献给鬼神。其字形有的说是象宗庙之形，

有的说象盛满食物、上面加了盖儿的器具之形，但各种说法都离不开宗庙祭祀，由此可见熟食与祭祀之间的密切关系。“古之大事，惟祀与戎”，祭祀在人们生活中的重要性不言而喻。因此，当时烹饪的目的也不像我们今天这么单纯，当时除了要供给人们膳食之外，还有很大比重要用作鬼神的祭品。《周礼》有一种官职叫“亨人”，其职责就是在准备祭祀品的时候，专门负责煮食物的火候的大小和锅中水量的多少。《周礼》还有两种和做饭有关的职务，叫“内饔”和“外饔”，“饔”的意思就是熟食，内饔是掌管宫廷内王、后和世子们的伙食的，外饔是掌管祭祀时设计祭品的。亨人在内饔、外饔的工作中充当着重要的角色，因为水量和火候的把握，是食物煮得好坏的关键。

其实，不仅“烹”“亨”二字本来是一个字，还有享受的“享”，也与“烹”字属于同一字源。“烹”“亨”“享”在古文字中同为一形，甲骨文作，金文作，《说文》作，后来才逐渐分化成三个意义密切相关的字。煮食物的意义专用“烹”字；食物煮熟之后，供奉给宗庙上的鬼神，诚意通达于鬼神，这样便有了亨通的“亨”字；鬼神闻到祭品的馨香，便欣然享用，这样便有了“享”字。直到现在，方言里还有将这几个字混用的情况，如湖南北部某些地区称用铁锅烧水为“亨水”，用瓦罐把茶烧开叫“亨茶”。通过“烹”“享”“亨”之间的渊源关系，我们可以看到古代烹饪的一个重要特点，就是饮食与祭祀有着密不可分的关系。

“烹”字现在与“饪”连用，构成一个双音词，泛指做饭做菜。但在古代汉语中“烹”“饪”很少连用，即使连用，也是各有各的意思。烹是煮的意思，而饪则表示把食物煮得熟透。《说文》：“饪，大熟也。从食，壬声。”《论语·乡党》：“失饪不食。”何晏注释说：“失饪，失生熟之节也”。也就是说，煮食物必须熟度刚好，既不能半生不熟，也不能过于熟烂，这样才符合礼仪的要求。特别是祭祀的时候，食物的生熟度如果不符合标准，是绝对不能用作祭品的，否则就是对鬼神的不敬。“烹”“饪”二字连用，最早见于《周易》：“鼎，象也，以木巽火，烹饪也。”这里的“烹饪”虽然连用，但还没有成为一个双音词，其中“烹”表示煮的过程，“饪”表示煮的结果。“烹”“饪”相连，构成了食物原料由生变熟的一个完整的加工过程，反映了古代由烤炙的熟食法发展到烹煮的熟食法，再到讲究食物生熟度的进程，是古代饮食文化的一个进步。

“烹饪”是对食物进行加工处理的过程，“饮食”则是对“烹饪”的成果的享用。“食”字很早就兼有名词和动词两种意义，既可以指吃的动作，又可以指吃的对象。但并不是所有吃的对象都可以叫食，最初食是专指主食，食泛指一切食物是后来的事。“食”字甲骨文作，一般认为像一个盛食物的器具，上面像器具的盖子，下面是盛食物的圆形器具。这种圆形的盛食器应该就是“簋”，因为其形象与“簋”的字形非常接近。“簋”是古人盛黍、稷、稻、粱等主食的器皿，圆形，上面有盖子，以便使食物保温。《说文》：“簋，黍稷方器也。从竹，从皿。”这里以“方器”释簋是错误的，从出土的青铜器来看，凡自铭为“簋”的器物大多为圆形，因此应释为圆器。郑玄注《周礼·地官·舍人》说：“方曰簠，圆曰簋，盛黍稷稻粱器。”具体来说，簋的形状很像大碗，一般为侈口、圆腹、圈足；或木制，或陶制，或以青铜铸造。商代簋多无盖，无耳或二耳。西周和春秋初期簋的形制有较大发展，常带盖，有二耳或四耳，间有带方座或附有三、四足者。到春秋中晚期，簋作为食器已经不很流行，只是在传统的礼器体制中尚有发现，但形制有了较大变化。“簋”字甲骨文作，金文作或，字形的左半边像簋中盛满饭食，右半边像手持匕匙、从簋中取食的样子。《韩非子·十过》：“昔者尧有天下，饭于土簋，饮于土铏。”可见簋是古人吃饭的主要用具。

对于“食”字的构形，也有人提出不同的看法，认为下面像盛食物的器具，而上面的则像倒着的口，表示人张开大嘴趴在盛食器上来进食。这种说法似乎不太符合实际，因为“簋”这种盛食器有时候直径可达几尺，需要借助勺、匙之类的器具辅助，直接用嘴趴到簋上进食是不方便的。

“食”古代经常与“饮”连用，表示吃喝的总称。《诗经·小雅·绵蛮》：“饮之食之，教之诲之。”郑玄笺：“渴则予之饮，饥则予之食。”可见，“饮”与“食”的分工是很明确的。“饮”甲骨文作，像人俯首吐舌、捧尊饮酒的形象。

其中是人的身体的简化，是酒坛子（即“酉”字），是倒过来的“舌”字。从字形来看，“饮”字的造字意图本来是专指饮酒的。到战国时期的六国文字中，“饮”字形体中的酒坛子没有了，而是变成了从水今声的。由最初从“酉”发展到后来从“水”，说明“饮”已经不仅仅指“饮酒”了。到了周代，“饮”还发展出与酒相对立的意义：酒相当于今天所说的烈性酒，饮相当于今天所说的饮料。例如，《周礼》就专门设有酒人和浆人两职，酒人掌管较为浓烈的酒，浆人则掌管所谓的“六饮”，包括水、浆（清酒）、醴（甜酒）等比酒淡薄的饮品。酒与饮的分称，说明当时酿造技术有了长足的进步，人们已经能够控制酒味的厚薄，并详细区分其等级了。

图1. 甲骨文中的“饮”

中国的饮食文化源远流长，历史悠久，内涵十分丰富，包括了与饮食有关的物质层面和精神层面的所有内容。《说文》将与饮食有关的汉字类聚到食部、酉部、皿部、火部、鱼部等相关部首下，对中国饮食文化有较为系统的反映。认真分析《说文》中的小篆以及更早的古文字字形，对于深入挖掘中国古代饮食文化的内涵很有帮助。

（王立军　王瑾）

汉字构形与古代水文化

水是生命之源，也是一个民族的文化与文明之源。两千多年前的管仲就已经认识到水是万物的本源，是派生一切事物的母体。他在《管子·水地》中说："水者何也，万物之本原，诸生之宗室也。"其中的"本原"也就是"本源"，"本"是树木之根，"原"则是泉水之源。"本"是个指事字，在"木"的下部添加一个指事符号，以表示树木的根部。"原"是个会意字，金文作，从厂（象山崖之形），从泉，用山崖下有泉水流出表示水源之意。后因"原"字引申出"平原、原来"等意义，为了强调其本义与水有关，便在表示源头时加水旁作"源"。

"原"的部件"泉"与"原"的本义很相近。《说文》："泉，水原也。象水流出成川形。""泉"甲骨文写作、等，正象水从泉眼里流出之形。有时甲骨文会在里面加上一两个短横，写作、、等。《说文》小篆又在上面加上一短竖，写作。汉代云台碑则把小篆的左右两笔断开，写成了；由于这种写法上面的部分很像"白"字，下面的部分很像"水"字，而

“白水”连起来的意义又能与泉水联系上，所以，后来人们逐渐把“泉”字写成了从白、从水。这便是现在“泉”字写法的来源。其实，在睡虎地秦简中就已经出现了接近于从白、从水的写法。现将上述字形之间的关系图示如下：

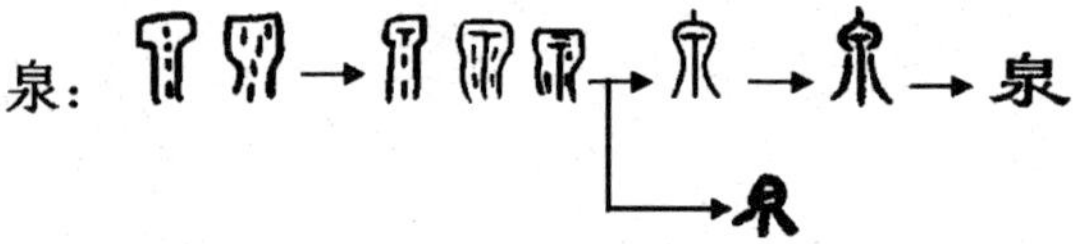

图1. “泉”字的演变过程

由于“泉”“源”义近，二者后来便组合成一个双音词“源泉”，可以泛指一切事物的源头。由水之源引申为一切事物的源头绝非偶然，考古学、历史学与人类学的研究都表明，几乎所有的人类文明都起源于水边，因为大河两岸沃野千里，灌溉便利，独特的农耕环境为人类的生存创造了有利的条件。四大文明古国无一不是依傍着河流。古埃及文明是尼罗河的馈赠；古巴比伦文明的发祥地在幼发拉底河和底格里斯河流域；古印度文明发源于印度河和恒河流域；中华文明也不例外，以黄河长江为主的大大小小的水系不仅养育了中华民族，而且也孕育出了博大的中华文化。“汉字”之“汉”从水，也可见中华文明与水的关系。“汉”本为水名，即“汉水”，是长江最大的支流，古人自古就在这里繁衍生息，是中华文明的摇篮之一。刘邦在楚汉之争胜利后，因其发迹于汉水流域而定国号为“汉”，在强大的两汉王朝基础上最终形成了“汉族”与“汉语”，记录汉语的文字也因此被称为“汉字”。

不同地区的文明在起源于水边这一点上是相似的，而不同民族对“水”的认识却可能存在差异。“水”字在甲骨文中写作，象水从高处顺流而下之形，而古埃及文字中的“水”则写作，象水面波纹之形。这两种古老的文字在造“水”字时，同样是直接取象于水的形态，然而却一为竖向，一为横向。甲骨文之“水”是顺势而流，描绘的是水的流动之貌；古埃及之“水”是平面的水纹，描绘的是静止的水面。我们可以从这两个民族赖以生存的环境的地貌来寻求原因。我们知道，中国与埃及的地势是不同的，中国地势西高东低，江河发源于西部的高原和山区，顺着地势向东而流，先民们首先观察到的是“不废江河万古流”，于是取水的流动之态而造“水”字。尼罗河发源于非洲中部，流入埃及后已经是下游，所以埃及地势开阔平坦，支流呈发射状，而非朝一个方向流淌，水面也相对平静，于是以微波荡漾的水面来造“水”字。由于地貌的差异，形成了同样是象形的“水”字，一为竖的流动状，一为横的静止状。另一方面，汉字字形在某种程度上受汉民族思维习惯的影响。在古人观念中，水沿着河道流淌才是常态，而水横流则是水灾。

水顺着河道而流，可以灌溉田地，为民谋利，故为“水利”。《说文》中有く（即“甽”字）、巜（即“浍”字）、川三字，小篆分别作、、，皆象水顺流之形，是上古时期的农

田水利设施。从形体可以看出，它们的区别是水流大小不同。《说文·𡿨部》：“𡿨，水小流也。”小篆像一弯小小的水流的样子，表示田间小的排水沟或引水渠。《说文·巜部》：“巜，水流浍浍也。”“浍”从水会声，“会”同时也表意，表示会合水流之意，所以“巜”就是由小水流汇合而成的较大的排灌渠。“川”字在甲骨文中写作、、等形，其构意均像两岸间有流水，故指流通的水。农业文明兴起后，引河水灌溉农田，“川”便成了农田水利设施。《说文·川部》释“川”曰：“川，贯穿通流水也。《虞书》曰：濬𡿨巜距川。言深𡿨巜之水会为川也。”大意是说，把𡿨和巜等水流深挖疏通，使它们汇集在一起，就成了“川”。《周礼·考工记·匠人》把田间的灌溉渠，按其大小和所在位置的不同，分为𡿨、遂、沟、洫、巜，最后由巜汇集成川。可见，在整个排灌系统中，𡿨最小，川最大，中间依次有遂、沟、洫、巜，一共六级，水利设施非常完善。这说明我国自古以农立国，很早就认识到水利是农业的命脉。目前已发现距今6000多年的原始水田遗址及其排溉设施，如在公元前4700年左右的浙江吴兴邱城遗址中发现了大小不同的排水沟和引水渠。《诗经》中也有引水灌田的诗句，《小雅·白华》：“滮池北流，浸彼稻田”，讲的就是用滮池的水来灌溉稻田。位于四川省被称为“世界水利文化的鼻祖”的都江堰，是由秦国蜀郡太守李冰及其子率众于公元前256年左右修建的，是全世界迄今为止年代最久的以无坝引水为特征的宏大水利工程，其修建的主要目的，就是为了将岷江部分截流，用来灌溉成都平原。

水横流则为水害。汉字古文字中也有像古埃及“水”字类似的形体，但却是用来表示大水泛滥成灾。甲骨文中有、等形，皆是大水横流之形，表示水不顺河道流淌，是水灾之“灾”的本字，体现了古人“不顺”即为“逆”，“逆”即成“灾”的观念。“灾”字在甲骨文中还可以写作，在“川”中加一横，意为河流中间被堵塞，大水横流。河道壅塞，水便不能顺流入海，势必造成大水漫溢，淹没农田，摧毁村庄，影响人类的生存。在世界各大洲的古老民族中几乎都有关于史前大洪水的传说。在中国，相传在远古时期，上天发大洪水惩罚人类，地面上汪洋一片，只有伏羲和女娲兄妹两人躲在大葫芦里才幸免于难，成为华夏民族的始祖。在西方，则有诺亚带着家人登上方舟躲避洪水的故事。在苏美尔、印第安等许多古老民族中都有这样的神话传说。因此，有学者认为，人类的历史始于大洪水传说。汉字“昔”的古文字构形正与此有关。“昔”字甲骨文金文作、之形，是个会意字，从日，字形上部像洪水泛滥，表示古代洪水泛滥的日子。

在洪水侵袭时，古人并不是束手待毙，在漫长的历史长河中，人类与洪水进行了不懈的斗争，流传着很多治水的故事。在中国，最为广泛传颂的治水英雄就是大禹。上古尧帝时，洪水横流泛滥于天下，庄稼被淹了，房子被毁了。尧先派鲧去治水，鲧花了九年时间，采用“堵”的方法，没有把洪水制服，被处死了。尧又派鲧的儿子禹去继续治洪水，禹吸取父亲的教训，采用开通淤积、疏浚河流的方法，带领群众凿开了龙门，挖通了九条河，把洪水引到大海中去。禹八年于外，三过其门而不入，终于平息了洪水。“疏浚”的“浚”又写作“濬”，其古文字字形正反映了古人疏导河流的治水方法。“濬”甲骨文写作、、，从从或，像剔去筋肉后的残骨，旁边的小点是剔下来的肉屑，或是阬坎。小篆写作，省去了旁边的小点并整齐化，阬坎变成了“谷”字，《说文》释为：“深通川也。从𣦵谷。𣦵，残也；谷，阬坎意也。”其中的𣦵由残骨而表示残穿、凿穿，“深通川”就是要用凿穿山谷、深挖隧道的方式疏通水流。这正是《尚书·禹贡》所记载的大禹治水的方法：“禹别九州，随山濬川。”意思是说禹划定中国国土为九州，并顺着山势开凿水道，疏通水流。

虽然古文字的“水”取象于水流动形，但古人对静止的水也有细致的观察。静止的水面可以照出人影，所以在青铜镜产生之前，古人就用一盆水来充当镜子。甲骨文中有几个形体：、、，构意均是一个人俯身对着一盆水照自己的脸。这几个形体就是后来的“监”字，本义为以水照容貌。后来发明了铜镜，便在“监”旁加一义符“金”，写作“鑑”字，现在又简化为“鉴”。《庄子·德充符》所说的“人莫鉴于流水，而鉴于止水”，用的正是“鉴”的本义，意思是说没有人用流动的水来照影，而是用静止的水来照。水能忠实地反映人的美丑，这个特点被应用到政治上，就有了《尚书·酒诰》中的名言：“人无于水监，当于民监。”这是以用水照影打比方，说明一条抽象的政治哲理：黎民百姓就像水一样能照出统治者的形象，统治者应该以黎民百姓为镜子来照出自己的政德。

图2．“监”字的演变过程

静止的水还有一个特点是平。“水平”一词就是由水的这一特点产生的。静水是平的，就可以作为一种衡量物体平斜的标准，并进一步抽象为事物的准则、法则。《说文》：“水，准也。”段玉裁注：“释名曰：水，准也。准，平也。天下莫平于水，故匠人建国必水地。”也就是说，天下没有什么比水更平的了，所以水可以作为行事的准则。法律的“法”字使用“氵”旁，就是取义法律要“平之如水”，以水面之平来寄托古人对公平执法的美好愿望。可见，水不仅是生命之源，万物之母，而且还蕴涵着古代丰富的社会文化观念。

（王立军　叶瑞优）

汉字构形与古代火文化

火，是人类文明的重要组成部分。远古之时，由于不懂得利用火，人类过着茹毛饮血的生活。在生产生活的实践中，先民们逐渐发现了火的价值，人们利用火来烹煮食物、照明、田猎，进而用于祭祀和战事之中。火的发现和使用，使人类告别了蛮荒时代，开启了文明的新纪元，形成了几千年来绵延不绝的火文化。

“火”字在甲骨文中有多种写法，如、、等，都是象火焰之形的象形字，其上的点画像火星飞溅的样子。火的颜色为“赤”，“赤”字甲骨文作、、等形，小篆作，从大、火会意，大火之色即为赤色。《说文·火部》：“南方色也，从大从火。凡赤之属皆从赤。”《尚书·洪范》：“火者，赤色也。”在商代卜辞中，“赤”字也多表示火的颜色。也有学者认为，赤字从大从火，其中的“大”并不是大小的“大”的意思，而是象大人之形，从大从火是表示用火来烧人，这可能是当时的一种刑罚，或者是当时的一种祭祀仪式。《摭续·二九一》：“贞，勿赤。”认为其中的“赤”用为动词，很可能是焚人以祭

祀的意思。《铁·一〇·二》：“癸卯卜，□贞，又赤马……”所谓赤马，则可能是焚马以祭祀之义。这样的观点还需要有更多的证据来证明。

与大火相对的是微火，微火最初用“幽”字表示。“幽”甲骨文作、、、等形，从火从丝会意，其中丝即丝字，丝线的特点是比较细微，故从火从丝正可以表示微火之义。引申为凡微小之称。《尔雅·释诂》：“幽，微也。”如今杭州等地仍将微火叫作幽，这是古代汉语在现代方言中的遗留。由于甲骨文中“山”和“火”形体相近，经常发生混同，所以后来“幽”字就变成从山了。《说文》小篆的“幽”字作，从山从丝，这其实是从火从丝的讹误。

图1. 甲骨文中的“火”和“山”

《管子·轻重》记载：“炎帝作，钻燧生火，以熟荤腥，民食之，无兹胃之病，而天下化之。”学会用火加工食物，是人类生活方式的一大进步。如“炙”字，小篆作，《说文》云：“炮肉也。从肉在火上。”所谓“炮肉”，就是以火烤肉。籀文作，添加了一个表示肉串的偏旁，进一步说明了“炙”

的具体方法，是将切割好的肉块用东西穿起来进行烧烤。《诗经·小雅·瓠叶》：“有兔斯首，燔之炙之。”毛传曰：“炕火曰炙。”孔疏：“炕，举也。谓以物贯之而举于火上以炙之。”这些释义正可与《说文》籀文相印证。火烤是人们最早掌握的加工食物的方法，后来随着陶器的发明，人们才知道燃火于器皿之下，用沸水来煮熟食物。例如“爨”字的构形，正反映了烧火煮食的形象。“爨”字小篆作，上像两手持釜甑等灶具的样子，中间“冂”像灶门，下像两手持木柴添入火中，几个部件组合在一起，正是一副烧火做饭的画面。

除了用来熟食，火还有一个重要作用就是照明。如“叟”，现在作老叟讲，但其最初的意思是搜寻。“叟”字小篆写作，甲骨文作，上像屋舍，下像一只手高举火把，组合起来正是手持火把在屋中搜寻的形象。隶楷之后，“叟”的形体发生讹变，全然看不出本来的意思了。据《方言》记载，战国时代齐、鲁、卫等国将老人称作叟，《说文》也说“叟，老也”，可见，“叟”借以表示老叟的意思也是很早就出现了。为了区分搜寻和老叟这两个意义，人们便在表示搜寻义时增添了手旁，写作“搜”。

火在古代田猎活动中的作用也非常重要，原始围猎的主要方法就是焚田。所谓“焚田”，就是以火烧毁丛林草木，使百兽无处隐匿，最终被火围困在中央，便于集中捕杀。《尔雅·释天》：“火田为狩。”郭璞注：“放火烧草猎亦为狩。”“焚”

甲骨文作、、、、、等形，从火从林，或从火从艸，或从火从木，象以火烧草木之形。古文字中从艸与从林、从木意义往往无别。甲骨文“焚”字还可以写作，这是较为复杂的写法，下面增添了秉持火炬的一双手，但整字的构意并没有发生变化。商代卜辞中，提到“焚”的时候都是指田猎之事，这可能是由于上古时代草莽丛生，禽兽繁衍，所以卜辞屡见焚田的记述。如《甲骨文合集》10198片：“翌戊午焚，禽（擒）？”意思是说，第二天以烧山林的方式打猎，能够擒获野兽吗？先秦其他典籍中也有不少焚田围猎活动的记载。如《左传·定公元年》：“魏献子属役于韩简子及原寿过，而田于大陆，焚焉。”《孟子·滕文公》：“益烈山泽而焚之，禽兽逃匿。”可见，这种围猎方式在古代十分常见。但是，焚田而猎的方式有似于竭泽而渔，不利于动物的繁衍，是一种短视的行为。古人很早就认识到了这样做的危害，如《韩非子·难一》：“焚林而田，偷取多兽，后必无兽。”但在远古那种生存环境中，人们的这种做法也是不得已而为之。

《左传·成公十三年》说：“国之大事，在祀与戎。”祭祀和战争是国家最重要的两件大事，火在这两件大事中同样发挥着重要的作用。如“尞”字，小篆作。《说文》：“尞，柴祭天也。从火从昚。昚，古文慎字。祭天所以慎也。”“尞”字甲骨文作、、、等形，像木柴架在火上燃烧的样子，周围的点画象征四溅的火星；下面有的加“火”，有的不加“火”，这只是形体繁简的不同，构意上并没有多大差别，用于表示一种祭祀仪式。《尔雅·释天》："祭天曰燔柴。"郭璞注："既祭，积薪烧之。"邢昺疏："祭天名燔柴。《祭法》云：'燔柴于泰坛，祭天也。'"说的就是烧柴以祭天的仪式。《吕氏春秋·季冬纪》："乃命四监收秩薪柴，以供寝庙及百祀之薪燎。"高诱注："燎者，积聚柴薪，置璧与牲于上而燎之，升其烟气。"燎祭就是将玉帛、牲畜置于燃烧的薪柴之上，用产生的烟气上达于天来祭天的仪式。这里的"燎"就是"尞"字。"尞"字形里本来是有"火"的，但由于字形的讹变，其中的"火"看不出来了，为了强调"尞"与火有关，人们就在"尞"的形体上又添加了一个"火"，这是汉字顽强地坚持表意性的一个重要表现。其实，在小篆形体中，"尞"就已经发生了严重的变形，看不出木柴燃烧的形象了，许慎根据小篆字形所做的解释并不符合"尞"字的最初构造意图。

火在战事之中也能发挥巨大的作用。例如《说文·火部》："烽，燧，候表也。边有警则举火。"意思是说，烽火和燧一样，都是古代瞭望敌情用以报警的信号。在交通极不发达、通讯手段极其有限的古代，一旦边关告急，人们靠什么来快速传递信息呢？火便是当时最佳的选择，无论是白天或夜晚，火都可以靠其光亮和浓烟，将信号迅速传至远处。《史记·周本纪》："幽王为熢燧大鼓。有寇至，则举燧火，诸侯悉至。"说的正是以烽火来调遣军队的事。用烽火调动军队，是关系国家安危的很严肃的大事，但是周幽王却为了博得妃子一笑，竟然用烽火戏弄诸侯，最终招致国灭身亡，为天下人耻笑。周幽王是西周时期最后一个君主，是个荒淫无道的昏君。周幽王贪爱美色，邻国投其所好，为他选送一个名叫褒姒的绝色美女。幽王虽然对褒姒百般宠幸，但褒姒却面若冰霜，始终不肯启齿一笑。幽王为此十分烦恼。有个叫虢石父的佞臣，替幽王想了一个主意，提议用烽火台一试，幽王不顾国家安危，竟然答应了。他带着褒姒登上骊山烽火台，命令守兵点燃烽火。一时间，狼烟四起，烽火冲天，各地诸侯一见警报，以为京城告急，急忙带领本部兵马急速赶来救驾。到了骊山脚下，却见幽王和褒姒高坐台上，饮酒作乐，诸侯们才知道是被戏弄了，纷纷怀怨而回。褒姒见千军万马召之即来，挥之即去，如同儿戏一般，觉得十分好玩，禁不住嫣然一笑。幽王见状大喜，立刻重赏虢石父。结果，等到后来犬戎真的打过来时，幽王再命令点燃烽火，诸侯们因上次受了愚弄，这次害怕再被愚弄，就都不理会了。幽王最终被敌兵乱刀砍死，西周也因此而亡。

可见，火虽然可以为人们造福，但如若使用不当，也会为人们带来灾难。“灾”字是六书中的会意字，从宀从火，用屋中着火来会出灾害之意，说明火灾在古代各种灾害中是具有代表性的。“灾”字甲骨文写作、，正象房中着火之形。“灾”在甲骨文中还有形声的写法，作，从火才声，这种写法应该晚于、。俗话说，水火无情，火可以成灾，水也可以成灾。

在甲骨文中，水灾采用了与火灾不同的写法，写作或，第一个字形表示洪水横流，第二个字形表示河流中间被堵塞，它们都可以表达洪水泛滥成灾的意思。表示水灾的字形又作，从川才声，这是由演化而来的形声字。另外，甲骨文还有专门表示兵灾的字，写作，从戈才声，后来写作“𢦏”，从戈表示和打仗有关。古人对不同的灾害在用字上加以区分，反映了古人对各种灾害的重视。后来所出现的“灾”的异体字“災”和“烖”，则反映了古人对于各类灾害由细分到综合的认识过程，其中“災”是对水灾和火灾的合并，“烖”是对兵灾和火灾的合并。到了现代汉语用字中，这些不同的写法都被“灾”所取代了。

（王立军　毛文丽）

汉字构形与古代玉文化

《说文》："玉，石之美者。"玉坚硬温润，晶莹亮泽，先民们很早就把它当作美的象征。中国现今发现的最早的玉器，距今已有8000多年的历史。在漫长的历史发展过程中，玉器作为一种独具魅力的文化载体，对古代社会生活的各个方面产生了深刻的影响，从而形成了发达的玉文化。在2008年北京奥运会上，玉被当作中华文明的象征，出现在了奥运奖牌上，向全世界展示了它丰富的文化内涵。

孔子曾经说过："君子比德于玉。"儒家将其核心价值观"德"与玉的天然品质结合在一起，形成了"玉德说"。例如《说文》就说玉有"五德"：玉质润泽温和，是仁爱的象征；透过外部纹理可以查知内部纹理，表里如一，是忠义的象征；玉声清脆舒扬，能传至远方，是智慧的象征；宁折不挠，是勇敢的象征；棱角分明而不锋利，是廉洁的象征。可见，玉曾是高尚品德的化身，是君子修身的标杆和榜样。"玉德"是中国古代玉文化的精髓，也是古人留给我们的最宝贵的文化遗产。

除了“玉德”之外，我们还可以借助汉字字形，对中国古代玉文化有更多的了解。“玉”甲骨文中写作、、、等，其中的短横代表玉块，有的三块一组，有的五块一组；上下贯穿的一竖表示穿玉的绳子，绳子的上端有时还有绳结。那么，玉块为什么要三五成组地穿成串儿呢？原来，在古代，就像贝壳一样，人们曾经把玉穿起来当货币用。王国维《释珏朋》中说，殷商时期，玉和贝都可以充当货币，使用时将玉用绳穿起来，当时，一串玉叫，两串玉叫“珏”。《说文》：“珏，二玉相合为一珏。”“珏”在甲骨文中作，正象两串玉并在一起之形，与“朋”（）的构形很相似。据《管子·揆度》记载：“以珠玉为上币，以黄金为中币，以刀币为下币。”可见玉在古代不但充当过货币，而且还曾经是货币中最为贵重的一种呢。这里需要补充说明一点，“珏”的左右两个部件都是“玉”，但写法却不一样。这是因为，甲骨文的常常上下不出头，写作，与国王的“王”字容易发生混淆。为了加以区分，便添加了一点作“玉”。但是，当“玉”作左部件时，由于这个位置从不出现国王的“王”字，所以“玉”在这个位置就不用加点了。现在有些解释汉字的人，不顾汉字形体演变的历史事实，将“玉”解释成“王腰上的那点东西”，将“玩”解释成只有像王这样的元首才有资格玩，这只能是对汉字的不负责任的“戏说”。

既然玉和贝都可以充当货币，那它们无疑都是珍宝了。珍宝的“宝”甲骨文作，其中的部件就是玉；部件表示

房屋，就是现在的“宀”，习称“宝盖头”；部件即“贝”字。房子里有玉有贝，当然可以表示珍宝之义了。后来为了表音明确，又增加了声符（即“缶”字），写作形，就成了我们今天看到的繁体字“寶”。

作为珍宝的美玉，常被古人作为祭祀品敬献给祖先神灵，成为古代祭祀礼仪中的重要用具。“礼”字的古字形有力地证明了这一点。“礼”的繁体字作“禮”，从示从豊。“豊”是“禮”的初文，甲骨文写作，像一个高脚的器皿“豆”里盛着两串玉，反映了古代以玉供奉神灵的情形。“礼”的本义就是“事神致福”，由于与神灵祭祀有关，所以后来又加上了义符“示”。可见“礼”的起源与玉有着密切的关系。

另外，从神灵的“灵”字的古字形，也可以看出玉和神灵之间的关系。“灵”的繁体字作“靈”，从玉霝声，《说文解字注》说:“靈，巫也，以玉事神。”先民们出于对自然力量的不解和畏惧，逐渐将自然神化，为了获得神灵的福佑，先民常用宝贵的玉作为祭品，以显示他们对神灵的虔诚，希望玉能够向神灵传达他们的祈福，所以“靈”字便以“玉”为义符。“靈”字还有另外两种写法：或从示作，字形取意着眼于与神灵相关之意；或从巫作，字形取意着眼于巫祝之事。通过这组异体字的义符互换，可以看到玉因为能在祭祀中沟通神灵，也被赋予了神秘的色彩。

《礼记·学记》中有句名言：“玉不琢，不成器。”玉石不经过加工，就不能够成为真正的玉器。没有经过加工的玉石叫璞。甲骨文中有个字，唐兰先生认为就是“璞”字：其中部件像深山的形状；像两手拿着凿一类的工具；就是玉；是“甾”，《说文》解释为缶，是一种用来装东西的器具。整个字组合起来，表示在深山中，双手执凿，开采玉石，放到缶中，非常形象地描绘出古人开采玉石的场景。璞的外形往往很粗糙，外观和普通石料没有太大的差别，但在粗糙的外表下却掩藏着华美的姿容。据《韩非子》记载，楚国有一个叫卞和的人，在荆山里得到一块璞玉，他坚信这是一块美玉，便先后敬献给楚厉王和楚武王，不料都被玉工鉴定为石头，自己也因欺君的罪名被砍去了双脚。后来楚文王即位，卞和因为宝石被看作石头，忠贞之士被当作骗子而哭得双目流血。楚文王听说后，命人剖开璞玉，发现果然是一块绝世美玉，便将其雕琢成璧，命名为和氏璧。后代发生的“完璧归赵”的故事，指的就是这块璧。

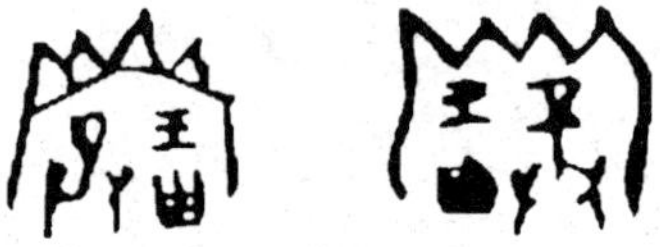

图1．甲骨文中的“璞”

加工玉石的过程叫治玉，也叫琢玉。“琢”字从玉豖声，其中的声符“豖”也兼有表意功能。《说文》：“豖，豕绊足行豖豖。”“豖”字是在“豕”（意思是猪）字上加了一点，表示猪的腿被绳绊住了，走起路来跌跌撞撞的意思。“豖”字加上“口”字旁，构成“啄”字，表示鸡啄米、啄木鸟啄树时的动作，这些动作都包含有持续的重复性，其特点正与加工玉时工具持续击打玉石相似。古人以“玉不琢，不成器”来比拟教育的重要性，说明人只有经过持续不断地培养和锻炼，才能成材。

用玉石加工成的玉器种类繁多，不少玉器的命名都是有理据的，有的以功能作用而命名，有的以形状特点而命名。我们可以通过部分形声字声符的示源功能，来探寻一些玉器的命名缘由，了解其中所蕴涵的文化信息。

如“瑗”字从玉爰声。“爰”甲骨文作，像一只手通过物体牵引另一只手，是“援”的最初写法。“爰”有“援引”义，“瑗”也包含“援引”的意思，表示一种用以援引的玉器。《说文》：“瑗，大孔璧，人君上除陛以相引。《尔雅》曰‘好倍肉谓之瑗’。”璧是环形的，中间的孔称“好”，四周的玉称“肉”，孔的直径是“肉”宽度的二倍，可见瑗是一种孔比较大的璧。国君在上台阶的时候，左右的人要保护国君以免失足，因为古代的等级制度比较严格，侍者是不能直接接触国君的身体的，所以侍者握住瑗的一边，让国君握住另一边，引导国君上台阶。瑗的孔比较大，是因为孔必须要同时容纳两只手抓握。

又如“玦”字，《说文》解释为“玉佩也”。但要想了解“玦”究竟是一种什么样的玉佩，还需要从其声符入手。“玦”字声符为“夬”，“夬”有“分开”义，如“缺”是器物有缺口；“决”是堤岸有缺口，水从中流出；“诀”是告别。由此可以推知，玦之所以叫“玦”，是因为它是一种有缺口的玉环。《荀子·大略》中说：“召人以瑗，绝人以玦，反绝以环。”只有明白了瑗、玦的命名缘由，我们才能理解这句话。原来，国君在招贤纳士时，派人送去瑗，表示希望能得到他的援助；如果国君想赦免被流放的臣子，就派人送去环，表示将其召还（“环”与“还”同源，繁体分别作“環”“還”，均含有“回环往复”的特点），君臣关系可以和好如初；反之，就派人送去玦，表示与其诀别，君臣关系也决裂了。玉在这中间起了非常好的传达信息的作用。

玉在古代还能充当信物，这一点也能从汉字中得到印证。如“班”字在金文中写作班，从二玉从刀，是个会意字，表示用刀将玉分成两块的意思。《说文》：“班，分瑞玉。”瑞玉就是用来当作证明、凭据的玉，将玉分成两块，各执其一以为信物，再次相见时以两块玉能合在一块儿作为凭证。后来人们又在玉石上刻写文字，制作成印玺之类的信物。“玺”字从玉，说明玺印的材料大多是玉质的。秦代以前，普通士人所用的印都可以称作“玺”，没有尊卑的区别。孔颖达《左传正义》说：“周时印已名玺，但上下通用。”秦统一六国建立中央集权后，为了显示皇帝至高无上的王权，规定只有皇帝所用的印才能叫作“玺”。汉代卫宏《汉官旧仪》说：“秦以前，民皆以金玉为印，龙虎钮，唯其所好。秦以来，天子独以印称玺，又独以玉，群臣莫敢用也。”《说文》中“玺”字又有从土的写法，作“壐”，解释说：“壐，王者印也，所以主土。”“玺”字的义符转变成“土”，包含着“普天之下，莫非王土”的意思，皇帝用“玺”来统领国土，正反映了秦汉时期“玺”为皇帝专用之物的客观事实。整个封建社会时期，“玺”都是皇帝专用之物，并且多为玉质，玉作为政治舞台上的一个道具，其政治地位也因“玺”而达到了顶峰。

（张翼飞 王立军）

汉字构形与古代酒文化

中国的酒文化源远流长，商代甲骨文中就已经出现了大量关于酒的记载。酒不仅仅是一种令人逸兴抟飞的饮品，在华夏文明的早期，酒就承载着诸多重要的社会功用，诸如用于祭祀、用于各种庆典仪式、用来治疗疾病以及调味等。随之而产生的，便是与酒相关的各种社会文化现象。这些现象，从一些与酒有关的古文字字形里可以窥其一斑。

“酒”跟“酉”最初其实是一个字。甲骨文“酉”有很多种写法，如、、等，尽管模样有差异，但都是像一个盛酒的容器；有时甲骨文“酉”字还加上表示酒滴的三点，作、等，这便成了“酒”字。金文还有将酒滴置于酉器之中的写法，如等，这种写法更加强调了酒滴和酒罐的实际方位关系。

甲骨文“酉”的字形底部多为尖形，据此有人认为当时的盛酒器多用兽角制成。如牛角、犀牛角等，因其表层坚硬、内部空心而被用来盛放酒。所以后来一些表示饮酒器的字形多从角，如觚、觯、觞、觥等。后世小说中有所谓“一角酒”的说法，可能就是古代用兽角制作酒器的遗留。当然，“酉”的甲骨文字形底部也有圆形的，如、等，这应当是用陶土制成或者用青铜等金属铸造的，从中可以看出当时手工艺制作的发展。

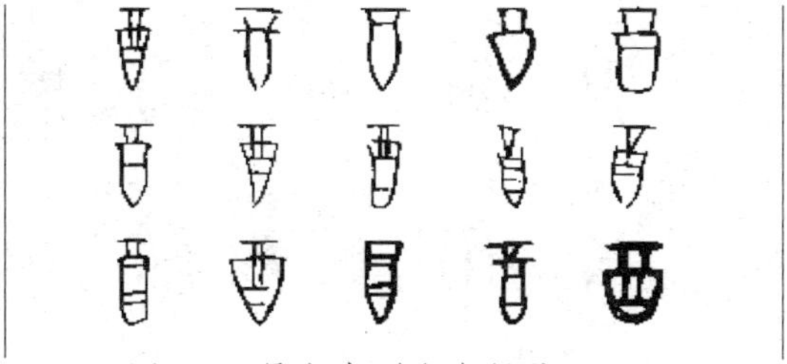

图1. 甲骨文中形态各异的“酉”

“酉”字在甲骨文中既表示酒，又被借去表示十二地支之一，在很长一段时间内都没有明确的分工。据刘信芳《包山楚简近似文字辨析》考证，在战国时期的包山楚简中，凡干支名都写作“梄”，而“酒食”都写作“酉食”，但这样的分工并没有延续下来。后来人们以“酉”作为干支的专用字，而以“酒”作为饮酒的专用字。

除了酉之外，表示酒器的字还有很多。“爵”就是一种重要的饮酒器。爵字甲骨文作、，非常形象地描绘出这种饮酒器的形体特征：敞口，口的一侧有供倒酒的流，另一侧有尾，腹小，外表有纹理装饰，腹旁有把手，顶部有立柱，底部为高足三脚之形。如此复杂的饮酒器，反映出商周时代青铜器制造技术已经相当成熟。爵字小篆作，其上部本来应该是象爵之形，但已经看不出来它像什么了。下面加上了部件“鬯”和“又”。加“又”是表示以手持爵；而“鬯”是《说文》中的一个部首，以“鬯”为部首的字都和酿酒有关，“爵”字加“鬯”正取此义。

图2. 甲骨文中各式各样的“爵”

“尊”也是古代常用的酒器之一。《说文》：“尊，酒器也。”尊在甲骨文中有两种基本写法，一种从酉从廾，象双手捧酒杯之形，如。另一种是在此形体旁再附加一个部件阜，写作、、等形。甲骨文、金文中阜作偏旁时常常写作、，象台阶、高地之形。据此可以看出，尊作为一种酒器有登进奉献的意思，表示诚恳地向人进献美酒，应该多作祭祀或进献宾客之用。《周礼·司尊彝职》：“六尊：牺尊、象尊、箸尊、壶尊、大尊、山尊，以待祭祀宾客之礼。”正因为尊具有登进奉献的意思，才有了后来尊卑之尊的引申义。中间像酒器的部件在甲骨文中都作，金文中出现了从“酋”的形体。著名古文字学家唐兰认为，凡从酉之字多变作从酋，如尊、奠等。秦简文字中“尊”字开始出现“酉”下作“寸”的写法。“寸”就是“又”，古

文中“寸”“又”两个部件是可以通用的。“又”是一只手，“廾”是一双手，其构字意图是一样的。也有学者认为，凡从寸的字都有法度的意思，所以尊的字形变为从寸，正反映了尊这种器物在礼制上的特殊作用。后来尊又引申为尊卑之尊，这种酒器的名称便另造“樽”“罇”二字来表示了。

古人饮酒，是先将酒放在罍等较大的盛酒器中，然后再从罍中舀出斟入爵、觯等较小的饮酒器中饮用，经常用来舀酒的工具是“斗”。“斗”字甲骨文作，像一个有柄的盛器。本义指舀酒或舀水的器皿，其字形上部是勺头，下部是勺柄，中间两点像酒滴或水滴。《诗经·小雅·大东》：“维北有斗，不可以挹酒浆。”北斗星因其排列像勺斗的形状而得名，诗人又因北斗而联想到了舀酒的勺斗。其中的“可以挹酒浆”正反映了斗的最初的功能。后来“斗”字又加上了部件“木”，写作“枓”，说明用于舀酒的斗勺多以木质材料制成。

酒在古代的祭祀中有着非常重要的地位。《周礼·天官·酒人》：“凡祭祀共酒以往。”可见，古时祭祀不可无酒。“祭”字在《龙龛手鉴》中有一个异构字作“醊”，字形从酉，这个字形更印证了古代祭祀神灵是离不开酒的。除此之外，“奠”“醴”“莤”等从酉之字都与祭祀有关。奠，甲骨文作，象一个酒器置于台上之形，表示将酒摆放在几案上以供祭祀。“醴”是一种酒的名称，字形从酉、从豊，其偏旁“豊”即礼仪的“禮”的初文，甲骨文、金文作，像在器皿“豆”中盛放两

串玉以供祭祀的样子。醴字从豊，体现了醴酒与祭礼之间的密切关系。《周礼·酒正》："以醴敬宾曰礼宾。"进一步指明了醴酒在古代礼仪中的功用。莤，甲骨文作，由酉、廾、朿三个部件组成，像手捧着一束茅草放在酉（酒）旁。《说文》："莤，礼祭，束茅，加于裸圭而灌鬯酒，是为莤。象神歆之也。"大意是说，在根据礼制举行祭祀时，先摆放捆束好的茅草，然后用裸圭这种酒器将鬯酒浇在茅草上，酒马上就会渗进茅草里，就像是神把酒喝光了一样，这种仪式就叫"莤酒"，又作"缩酒"。《左传·僖公四年》："尔贡包茅不入，王祭不供，无以缩酒。"说的就是这种仪式，其中的"包茅"就是"束茅"。

酒在民俗文化中也扮演着很重要的角色。如"配"字，甲骨文作，从酉从卩，像一个人跪坐在酒器旁边的样子。部件"卩"甲骨文作，像人跪着的样子，反映出当时人典型的坐姿。《说文》："配，酒色也。"这一说解与字形不合，且无文献用例可考。在先秦文献中，配多作匹配、配偶讲，如《左传·隐公八年》："先配而后祖。"贾逵云："配成夫妇也。"其中的"配"就是配偶之义。而且配当匹配、配偶讲，也与"酉"的字形相符合，因为在古代婚仪的每一个程序中，都可以找到酒的影子。如《仪礼·士昏礼》："赞者酌醴，加柶……妇升席，左执觯，右祭脯醢。以柶祭醴三。降席东面，坐啐醴。"《礼记·昏义》："妇至，壻揖妇人，共牢而食，合卺而酳，所以合体同尊卑以亲之也。"这都是描写古时婚礼仪式中的具体场景，无论是妇“坐啐醴”（即坐下来品尝醴酒），还是夫妇二人“合卺而酳”（相当于现在的喝交杯酒），都表示婚配仪式中饮酒这一重要过程。据此可以推测配的本义应该是配偶之配。

酒不仅是饮品，它还具有重要的药用价值。这一点可以从医生的“医”的古字形中得到反映。在秦简、汉印及《说文》中，“医”字均写作“醫”，其字形从酉，即“酒”字。这说明，当时医生已经常常用药酒来给人治病了。《说文》：“醫，治病工也。酒所以治病也。《周礼》有醫酒。”《汉书·食货志》：“酒，百药之长。”《礼记·射义》：“酒者，所以养老也，所以养病也。”可见酒与药有着密不可分的关系，古人酿酒的目的之一就是充当药用。长沙马王堆三号汉墓中出土的一部医方专书，后称《五十二病方》，被认为是公元前3世纪末、秦汉之际的抄本，其中用到酒的药方至少有35个。中医学里很多药物都可以用酒泡制，如鹿茸龟甲、参桂芪术等。迄今为止，酒对于中医仍是不可或缺之物。

此外，酒又可以用作烹调食物时的一种特别的添加剂。这一点，同样可以从古文字形中找到证明。例如“酱”字，《说文》古文作䊯，金文类此，其字形从酉，左边为声符爿（即“床”的象形字）。小篆作醬，秦简文字与之相似，从酉从肉，表示以肉与酒相混合而制成。由此可以看出酱的本义就是以酒调制的一种肉类食物。古时候的酱大约都是以肉制成，不同于今人所食用的酱油、豆酱等。《礼记·内则》载有卵酱，是用鱼肉的碎末制成的。其他还有豕、蚳、兔、鹰、蜗等都可以做酱。《齐民要术·作酱法》说："牛羊麞鹿兔肉生鱼皆得作。"酱在古人的日常生活中占有重要的位置。《论语·乡党》："子曰：'不得其酱不食。'"《周礼·天官·膳夫》："凡王之馈：食用六谷，膳用六牲，饮用六清……酱用百有二十瓮。"用一百二十个瓮来盛酱，说明当时酱的食用量是非常大的。此外，我们现在所说的醋，本字作"醯"或"酢"，曾被先民称作"苦酒"，其字形也从酉，说明其制作工艺也与酒相关，这些都可以看出酒与人们日常调味的密切关系。现在我们烹调中仍然以料酒、黄酒、米酒、红酒等各种酒来去除肉的腥膻，提高肉类食品的鲜味。这说明，活跃在古代社会文化中的酒，在今天的日常生活中仍然继续发挥着重要的作用。

（毛文丽 王立军）

汉字构形与古代音乐

中国的音乐起源很早。《吕氏春秋》说：“音乐之所由来者远矣！”近年来，我国考古工作者在河南省舞阳贾湖遗址，出土了近30枚骨笛，这些骨笛距今已有8000多年的历史，比汉字产生的时间还要早几千年，这说明，中国确实是一个十分古老的音乐国度。

既然音乐的起源比汉字早，人们在创造与音乐有关的汉字时，难免会以乐器的形象作为参照。如音乐的“乐”字，甲骨文作，正是取象于古代的弦乐。罗振玉解释道：“从丝附木上，琴瑟之象也。”字形上面的部分合起来就是后来的“丝”字，下面的部分是后来的“木”字，将丝弦张设于木架之上，就构成了弦乐器的形象。“乐”的字形体现了我国古代如琴、筝、琵琶等弹奏乐器的最初形态。此外，“乐”字在甲骨文中还有的写法，在前面那个字形的基础上增加了一个，这样的写法正好与“乐”的繁体字形“樂”相对应。所增加的形体，有人认为像调弦之器，也有人认为像鼓或者其他乐器，但

不管具体像什么，音乐的“乐”字取象于乐器之形这一事实是十分明确的。

《说文》：“乐，五声八音总名。”其中的“五声”即宫商角徵羽，是我国古代关于音阶划分的五种不同名称；“八音”即丝、竹、金、石、匏、土、革、木，是八种不同材质的乐器所发出的乐音。郑玄《周礼注》说：“金，钟镈也；石，磬也；土，埙也；革，鼓鼗（一种手持的小鼓）也；丝，琴瑟也；木，柷敔（两种木制的打击乐器）也；匏，笙也；竹，管箫也。”其中的“丝”就是弦乐。作为音乐的总名，“乐”字选取弦乐器作为众多乐器的代表，说明弦乐在各种音乐中占有非常重要的地位。直到现在，我们看到的中国古典戏曲仍然以弦乐为主。

从汉字构形方面看，“五声”的“声”字也取象于古代的乐器，即“八音”中的石类乐器“磬”。“声”的繁体作“聲”，甲骨文写作“”，此字由、、、四部分组成，其中左上角的像悬挂的古代打击乐器磬（磬的形状大致成微弧形或微折形，使用时需要悬挂在架子上），右侧的像手持工具敲击乐器的样子，而和分别表示声音与口、耳有关。敲磬时人所听到的，或者人嘴里所说出的，那当然是“声”了，可见此字的结构之妙。发展到小篆字形，其中的“口”省去了，整个字形变成了，转写成楷书就成了“聲”。再后来简化汉字时，采取了以部分代整体的方法，只保留繁体“聲”左上角像磬的部分，这就是简体的“声”字。那么，古人为何用磬来作为声音的

代表呢？因为磬这种乐器不仅起源很早，地位也十分重要。磬传说是尧的臣子无句发明的，考古发现最早的磬距今已5000年左右，可见其历史之悠久。早期的磬多为石质，后来也可以用美玉制作。在古代打击乐器中，玉制的磬曾经与铜制的钟一起，构成乐器的重要组合，这就是所谓的“金声玉振”和“编钟组磬”。磬和钟一样，大多是按照音程的高低编组使用的，所以称作“组磬”（磬的音程的高低是由磬的大小厚薄决定的）。也有一个磬单独使用的，叫作“特磬”。

“八音”的“音”在甲骨文时代和“言”是同一个字，这说明在古人的观念中，人的发音和其他物质的发音，都可以纳入音乐的范畴，都可以作为乐声的代表。金文以后，人们为了区分“音”和“言”，便在“言”字的部件“口”内加上了一个小短横以示区别。许慎《说文》在“音”字下解释说：“音，声也。生于心，有节于外谓之音。从言含一。”这种解释包含了后世儒家对音乐的理解。因为到了礼制盛行的时代，音乐已不再是纯粹的愉悦心情的古代艺术了，而是被赋予了浓厚的教化意义。许慎认为，音是发自人们的内心，并用一定的节律表现出来的，因而音是人们内心世界的外化。字形中的“一”并无实义，许慎所说的“含一”，并不完全是字形解释，而是为了契合传统的儒家思想，暗含着传统儒家对人的内心修养的要求，即要纯正如一。就如同八音一样，只有和谐一致，才能合成美妙的音乐。

对于音乐本身来说，和谐确实是音乐的基本要求。但是，儒家所说的和谐，则更多地强调了社会政治的色彩。《礼记·乐记》说：“是故乐在宗朝之中，君臣上下同听之，则莫不和敬；在族长乡里之中，长幼同听之，则莫不和顺；在闺门之内，父子兄弟同听之，则莫不和亲。故乐者，审一以定和。”乐可以使君臣上下、父子兄弟和顺亲敬，符合儒家维护“三纲五常”伦理关系的需要，因而被儒家推崇到与“礼”并重的地位，在儒家经典中经常将“礼乐”并称。《乐记》说：“是故不知声者不可与言音，不知音者不可与言乐，知乐则几于礼矣。礼乐皆得，谓之有德。”只有“礼乐”兼得，才能谓之有德，可见乐对于人们道德修养的重要性，而乐的这种重要作用的发挥就在于“和”。

“和”字在《说文》中有两种写法，即“和”和“龢”。“和”许慎解释为“声相应也”，也就是现在所说的“一唱一和”的“和”；“龢”许慎解释为“调也”，也就是现在所说的“调和”“协调”。其实，唱和也好，协调也好，都是在强调声音之间的相互配合，人们之间的一唱一和，各种音乐之间的组合搭配，都必须相互协调才能达致和谐。因此，“和”和“龢”其实是从人声和乐声两个不同的角度而造的一组异体字。甲骨文有“龢”而无“和”，“和”是后来产生的，并最终取代了“龢”，成为现在的通用字。我们仔细分析一下甲骨文“龢”字的结构，就可以进一步了解儒家的和谐观念与音乐之间的密切关系。

“龢”甲骨文作，字形由、两部分组成。其中即

“龠”字，甲骨文又写作，正与“龠”字的构形相对应。郭沫若认为“龠”是一种乐器，象编管之形，是由并排的竹管制成的，类似于现在的口琴。其中三个“口”，正像竹管上用于调节声音的孔眼。由于这种乐器是由竹管编成的，所以后来又添加了“竹”字头，写作“籥”。《诗经·邶风·简兮》有“左手持籥，右手秉翟”的诗句，就是描绘当时人们左手拿着籥吹奏，右手拿着羽毛来跳舞的场面。羽籥是古代文舞的主要道具，与之相对应的武舞的常用道具则是干戚。其实，籥是古代乐器的一个大的类别，《说文》“籟”字下注云：“籟，三孔龠也。大者谓之笙，其中谓之籟，小者谓之箹。”“笙”“籟”和“箹”是从形制大小来区分的，它们的总名叫“籥”，都是由竹管编排而成。“笙”据说有十三孔，常在春天祭祀时吹奏，象征万物生长，所以命名为“生”，后添加“竹”字头以与生产的“生”相区别；“箹”字从“约”，“约”有“节省”“减少”之义，正应了上面“小者谓之箹”的说法；而“籟”则居于二者之间，与“笙”“箹”共同构成籥的系列。吹籥需要吹奏者手口之间的密切配合，也需要籥的各个竹管的音调高度和谐，和谐的“龢”字从“龠”，取的正是这个含义。《说文》将“龠”解释为“从品侖；侖，理也”，说明作为汉儒代表的许慎，已经将音乐的和谐上升到人类社会的伦理和谐了。由乐调的协调，到人声的应和，再到社会人伦的和谐，这便是“龢”字意义发展的脉络。

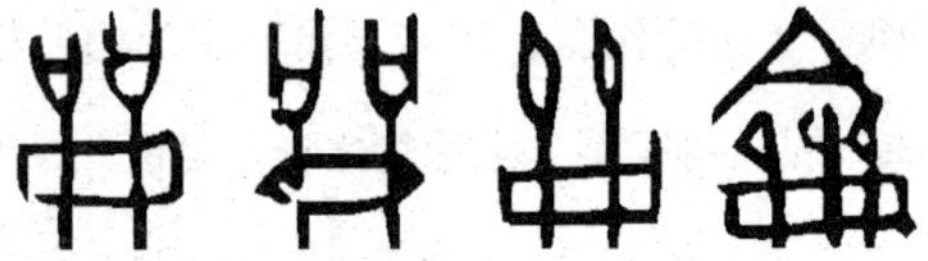

图1. 甲骨文中的“龠”

再看“龢”字的另一个部件“禾”。“禾”在“龢”字中虽然起着提示读音的作用，但并不是一个纯粹的声符，它也与“龢”字的意义密切相关。《说文》：“禾，嘉谷也。二月始生，八月而熟，得时之中，故谓之禾。”意思是说，谷物的生长，须得四时之中，得五行之和，只有满足了这些条件，谷物才可能顺利成熟。事实确实如此，农作物需要阴阳风雨的调和，即所谓的“风调雨顺”，才会有好的收成。可见，“禾”的前提就是“和”，“禾”与“和”之间有着密切的联系。除了“和”“龢”之外，还有一个字可以证明“禾”与“和”的关系，即“盉”字。盉是古代的调酒器，多用青铜制成，圆口，腹部较大，三足或四足，盛行于商代后期和西周初期。王国维《说盉》：“盉乃和水于酒之器，所以节酒之厚薄者也。”所谓“节酒之厚薄”，就是用水来调和酒的浓淡。后来盉也可用于调和菜肴的味道。《说文》：“盉，调味也。”《广韵》：“盉，调五味器。”调和菜肴，须使酸甜苦辣咸各种味道搭配得恰到好处，吃起来才会有好的口感。可见，“盉”“龢”“和”三字都有调和、和谐的意思，它们的意义都跟“禾”有关。清代段玉裁《说文解字注》说：“调声曰‘龢’，调味曰‘盉’，今则‘和’行而‘龢’‘盉’皆废矣。”现在，在调和的意义上，就只用“和”而不用“龢”“盉”了。

与“龢”相关的还有一个“龤”字。“龤”字也从“龠”，说明它的意义也和音乐有关。《说文》：“龤，乐和龤也。”“和龤”就是“和谐”，由音乐“和龤”到社会“和谐”，同样体现了“和”这种社会观念与音乐之间的亲密渊源，也进一步印证了古代音乐文化与汉字字形的密切关系。

（王立军 温英明）

汉字构形与古代车马

中国是最早使用马车的国家之一，相传大约在4600年前的黄帝便创造了车。刘熙《释名》说："黄帝造车，故号轩辕氏。" 到了夏禹的时候，负责管理车的官员奚仲改进了车的形制，开始以马驾车，此后，马车便在交通、运输、战争及礼制等方面扮演着重要的角色。据考古资料显示，商朝晚期马车的使用已非常普遍，马车的制作工艺已相当高超。而当时也正是汉字体系走向成熟的关键时期，丰富的中国古代车马文化，必然会在汉字形体中留下印迹。

"车"字在甲骨文中有、、、等多种不同的写法（见图1），早在西周金文当中，"车"就已经简写成，与现在"车"的繁体字"車"结构基本一致了。

至今所见到的最复杂的"车"字，莫过于刻在商代晚期青铜器《车父己簋》上的"车"字了（见图2左）。这一字形生动形象地反映了古代马车的基本形制：字形下部贯穿左右的一横像车轴；车轴上有三个形构件，其中两边的像两个车轮，位

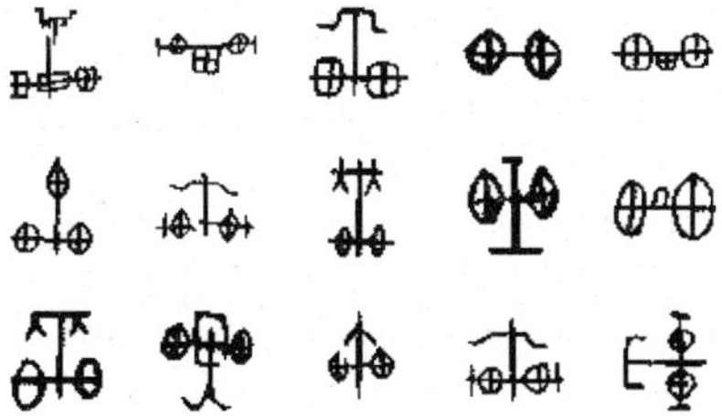

图1. 甲骨文中的“车”

于两轮中间的像车舆；车轴两端分别有两个短竖，这是用来固定车轮的零件，叫作辖，其作用是管着轮子不让它们从车轴上滑脱，所以“辖”字后来可以指管辖的意思；与车轴成十字相交、贯穿上下的一竖像车辀，车辀就是车辕（早期的车是单辕，后来才发展成双辕）；车辀上部横置的弓形构件像车衡，车衡即固定在车辕前端的横木；车衡上有两个“人”字形的构件，是车轭，车轭呈倒叉形状，可以夹在马的脖子上，从而使马带动马车前行；位于车衡两端下垂的构件像系在车衡上的饰物。在这一字形中，几乎车的所有重要零件都刻画出来了，可见其描绘之细致。

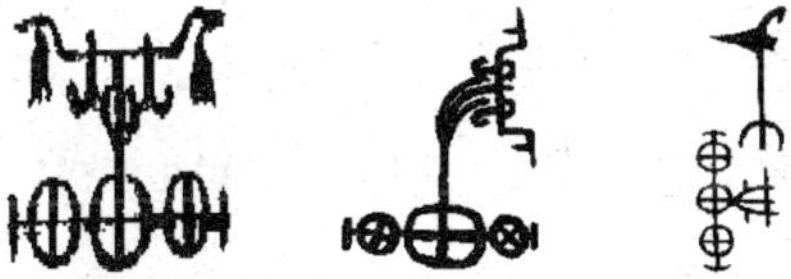

图2. 金文中的“车”

金文中还有一个“车”字（见图2中），与图2左的构件基本相同，但取象角度稍有区别，其字形的上部朝右侧弯曲，这体现了车辀的特殊形制。《周礼·考工记》：“凡揉辀欲其孙而无弧深。”通过这一描述可以了解到，古代的车辀并不完全是直形的。车辀是一根用火煨烤而成的整木，压在车舆下面的部分与舆底平行，探出车舆底座的部分，呈一个浅弧形，逐渐上扬，至顶端又趋于水平，整个外形就像一个左右拉伸开的“Z”字形。制作车辀时，要让它的弯曲处自然顺畅，不要有太深的弧度。图2中间的字形正是从一个特殊的视角，巧妙地反映了车辀的微曲上扬的姿态。

车上最重要的部件莫过于车轮了。据说古代的圣人从转动的飞蓬中得到启发，从而发明了轮子。但单纯的轮子只能转动，而不能载物，所以圣人又制造了车厢，安置在轮子上，于是便有了车（《后汉书·舆服志》）。且不论“观蓬为轮”说是否可信，但车轮的发明，一定与古人对圆形物体便于旋转的生活经验有关。“轮”字是从车、仑声的形声字，其声符“仑”同时又兼表意义。汉代的《释名》是专门解释事物名称来源的书，该书解释“轮”字说：“轮，纶也。言弥纶周匝也。”之所以可以用纺车的线纶来解释车轮，是因为它们具有共同的特点：一方面它们的功能都必须通过旋转而获得，另一方面线圈的缠绕和车轮辐条的分布都必须很有条理。《说文解字注》说：“三十辐两两相当而不迤，故曰轮。”《周礼·考工记》中关于制作车轮的技术要求有十条之多，其中很重要的一条，就是要用悬线察看相对应的辐条是否笔直，三十根辐条要两两相对而不倾斜，才能达到要求。可见，旋转和有条理，是车轮得名的两个重要依据，而这两层含义都是由“轮”的声符“仑”表达的。《说文》：“仑，理也。”《康熙字典》：“仑，叙也。”“仑”的繁体字作“侖”，从亼从册，是个会意字。亼，音jí，义同“集”。亼册就是把用竹简编制的简册卷积起来，所以“仑”既有条理的意思，又有旋转的意思。还有几个以“仑”为声符的字也与“仑”的这些意义有关。如“伦”是人的不可混淆的辈分、长幼次序，“论”是有条理有层次的语言，“沦”是有条理的水的波纹，等等。这些字都可以和“轮”“纶”“仑”构成同源关系。了解了“轮”字的声符“仑”所提示的意义，我们对车轮名源的理解也就更深刻了。

车的另一个重要部件是车轴。《说文解字注》：“轴，所以持轮者也。从车，由声。”“轴”是一个形声字，其声符“由”同时也兼表意义。“由”是从的意思，可以表示一件东西从什么地方出来。“轴”与同声符的“抽”“袖”是一组同源字，它们都含有从什么地方出来的意思。“抽”就是把一件东西从别的东西中拉出来；而衣袖的“袖”得名的原因，也就在于它们是筒状的，两臂可由其中抽出。同样，车轴的得名，也是因为它可以从轮毂中抽出来。《释名》说：“轴，抽也。入毂中可抽出也。”“轴”的这一意义特征，与古人对车轴的保养意识有直接的关系。

古时候的车轴多为木制的，车轴伸出车轮外面的两端很容易被撞坏，为了保护轴头，人们用金属制成两个圆筒状的套，套在两端的轴头上，这种零件叫軎（wèi）。《说文》：“軎，车轴耑（即“端”）也。从车，象形。”字形中的“口”就像套在轴头的軎的形状。杨树达《文字形义学》说：“（此字）当横看作‘[illegible]’形乃得之。车轴两端皆当有軎，此省去一端也。”軎上和车轴的两端有对穿的孔，将两轮装在车轴上之后，用一个插销从孔中穿过去，以防止车轮和軎从车轴上滑脱，这个插销就是前面所说的辖。辖虽然是一个小零件，却是行车的关键；没有车辖，车轮就会脱落。《淮南子·人间训》：“车之所以能转千里者，以其要在三寸之辖。”《汉书·陈遵传》：“取客车辖投井中，虽有急，终不得去。”由此可见车辖作用之重要。由于车轴肩负着承载整个车身及货物的任务，容易断裂，所以古人很注意保护车轴，不用的时候便将车辖取下，将车轮卸下，以减轻车轴的负担，需要用车时再重新装上。而卸下车轮，就相当于把车轴从轮中抽出，“轴”字的命名就包含有这层意思。

《说文》还收了一个“车”字的籀文形体[illegible]，从两车两戈。《说文解字注》说：“从戈者，车所建之兵，莫先于戈也。从重车者，象兵车联缀也。重车则重戈矣。”意思是说，车上所配备的兵器，最早的就是戈。所以“车”字中可以增添部件“戈”。类似的形体在金文中也能见到，如图2右所示，其中的构件就是“戈”的象形字。配备有戈的车无疑是古代的战车。河南淮阳马鞍冢出土的古代战车，车厢上就设有专门插戈的圆筒，正好与此字形相印证。

古代的战车多用马驾。驾马的数量有二、三、四、六不等。《说文》中“骈”“骖”“驷”分别表示驾二马、三马、四马，这几个字的意义都跟它们的声符有关。“骈”字从“并”得声，含有“两个并列”的意义特征。“骖”字从“参”得声，《广雅》：“参，三也。”因而“骖”就有了“三”的特征。“驷”字从“四”得声，《说文》：“驷，一乘也，从马四声。”由四匹马拉的车称为一乘。《论语》中说：“驷不及舌。”由四匹健壮的马所拉的车，其速度之快可想而知，但它还是赶不上舌头的速度，这话是告诫我们说出的话就难以收回了，所以要出言慎重。成语“一言既出，驷马难追”就源于此。而驾六匹马的是级别最高的车，只有天子才能使用，一般人是不敢僭越的。在春秋战国时期，战车的多少是衡量一个国家强弱的重要指标，“千乘之国”便是大国，“万乘之国”要算是超级大国了。

驾战车参与战斗，有一点必须注意，那就是在奔赴战场之前，一定要把马的尾巴打个结挽起来，否则，在战斗中马尾巴会被东西挂住，致使战车无法前行。秦始皇兵马俑中马的尾巴都是挽结起来的，就是一个有力的证明。《说文》中也有一个专门表示将马尾挽结的“骱”字：“骱，系马尾也。”其实，这个“骱”与

"髻"字是同源字。《说文》："髻，簪结也。"《说文通训定声》进一步解释说："结马尾如人之髻。"

这说明，结马尾的方法跟女子盘头的方法大致是一样的。《左传·成公二年》记述了春秋时期一次主要的战役——鞌之战，其中就有关于结马尾的情节。成公二年六月十七日，齐晋两军在鞌地摆开阵势。齐侯非常轻敌，一大早便说：我姑且消灭晋军再吃早饭！于是"不介马而驰之"。这里的"介"字就是"阶"的通假字，全句的意思是不把马尾巴挽起来就驱车进击晋军。结果，由于晋军将士团结一致，全力作战，最终使齐军溃败而逃。晋军乘胜追击，齐军只好绕着华不注山逃窜。在逃窜的途中，由于齐侯乘坐的战车事先没有给马尾巴打结，结果挂在了树上，马车跑不动，被晋国的将领给追上了。幸亏齐侯的御者急中生智，自己冒充齐侯坐在齐侯的位置上，才使得齐侯免于被俘。可见，在车战前给马尾巴打结是多么重要的一个环节啊。

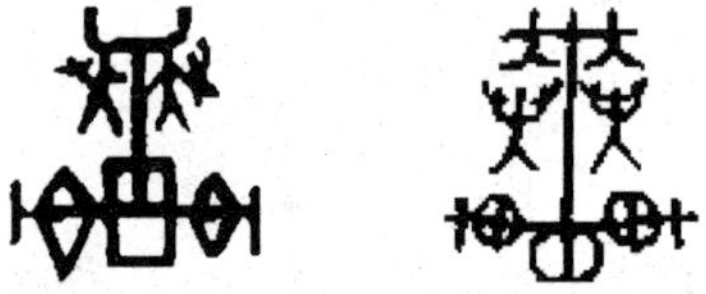

图3．甲骨文、金文中的"辇"

除了马拉的车之外，古代还有使用人力的车，不过这种车一般不用于作战，而用作平时的代步工具。用人拉的车叫"辇"，其甲骨文和金文字形（见图3）均象二人挽车之形。

《说文》："辇，挽车也。从车扶，扶在车前引之也。"《说文解字注》："谓人挽以行之车也。""扶"字在《说文》中训"并行也，从二夫"，"二夫"本来就是从两个"人"字演变而来的。实际上，拉车的人数并不止两个，据《司马法》记载："夏后氏二十人而辇，殷十八人而辇，周十五人而辇。"到了秦汉之后，辇逐渐演变成皇室专用之物，成了皇权的象征。

（王立军　张翼飞）

汉字构形与古代战争

《左传·成公十三年》说：“国之大事，在祀与戎。”祀是祭祀，戎是军事。意思是说，国家的大事，在于祭祀和军事。可见，自古以来，战争就在国家的各项事务中占有十分重要的地位。

其实，在真正意义的“战争”出现之前，各式各样的争斗早就存在了。这些争斗可能发生在个人与个人之间，也可能发生在小规模的群体与群体之间。由于当时还没有发明武器，争斗的方式大多表现为徒手搏斗。争斗的“斗”的古文字字形，很形象地将这样的场景记录了下来。“斗”字繁体字作“鬥”，甲骨文作。在甲骨文字形中，左右分别象两个人形，他们都头发上竖，一副怒发冲冠的样子，说明两人正在为某事生气恼怒，以至于互相伸手撕抓对方的头发，扭打在一起。这就是当时徒手相搏的情形。所以叶玉森《研契枝谈》认为：“古鬥字象怒发相搏形。”

随着部落的形成以及人们活动范围的扩大，小规模徒手相搏的争斗，便逐渐演化为规模相对较大的战争，专门用于作战的武器也随之出现了。“战”的字形本来就是由两种武器组合而成的。“战”繁体为“戰”，《说文》：“戰，斗（dòu）也。从戈，單声。”这里许慎把“戰”解释为形声字，说“戈”是其表意部件，“單”是其表音部件。其实，这里的“單”并不仅仅表示读音，它也跟“戰”字的意义有密切的关系。“單”字我们在《汉字构形与古代田猎》一节中讲过，它在甲骨文中写作、、、等形，是一种捕猎工具，就是绑有石块的树杈。后来，在人与人之间的争斗中，这种本来只用于捕猎的工具，也被用于人类之间的相互攻击了。这样“單”也就成了原始状态的战争武器。春秋时期的鲁公伐郐钟中，有一句“攻战无敌”的铭文，其中的“战”字写作，这就是“單”字。这说明，战争的“戰”字最初并没有右边的部件“戈”，“單”字就是“戰”字的早期写法。

随着金属冶炼技术的发明，战争的武器得到了很好的改进，金属制作的武器被大量使用，如戈、戟、矛、戚、钺，等等，其中以“戈”最为常见。“戈”在甲骨文中写作，像一个长柄的兵器。戈可以刺、可以砍、可以削、可以钩，杀伤力很大，是古代很常见的一种兵器，一些反映古代战争题材的影视作品常常可以见到它，如电影《赤壁》中，便完美地展示了戈的作用。“戈”类金属武器的出现，使得原始状态的捕猎器具兼战争武器的“單”逐渐退出历史舞台，这时，如果再把战争的“戰”

写作“單”，就有些形不符实了，于是人们就在“單”的基础上增添了部件“戈”，从而形成了新的“戰”字，使得战争武器的变化在“戰”的字形中得到了反映。这是汉字的表意性质促使汉字形体变化的一个典型例子。从出土的古文字材料来看，睡虎地秦简中就已经出现增添了“戈”的“戰”字，写作戰。从“單”字到“戰”字的发展过程，体现了古代战争武器的逐步发展。可以想见，武器改进了，战争的杀伤力和激烈程度也在逐渐升级。

随着战争规模的不断升级，投入战争的兵力也会逐渐加大。此时，对于战争的指挥者来说，最重要的是能在战场上让军队接收到自己的指令，使军队进退有节，从而争取战争的胜利。《孙子兵法》引《军政》说：“言不相闻，故为之金鼓。”因为战场上车隆马啸，一旦开战，兵器交撞，人声鼎沸，这时指挥者即便有再大的嗓门，也难以让部下听清自己的指令，于是便使用金、鼓来发号施令。其中“金”是撤退的信号，即所谓的“鸣金收兵”；“鼓”是进攻的信号，即所谓的“击鼓进军”。关于鼓的起源，有这样一个传说：“蚩尤作乱，不用帝命。于是黄帝乃征师诸侯，与蚩尤战于涿鹿之野，遂禽杀蚩尤。”（司马迁《史记》）据说蚩尤有八十一个兄弟，他们全是兽身人语，铜头铁额，吃的是沙石，凶恶无比，并且他们还能制造刀戟弓弩各种各样的兵器。（张守节《史记正义》）黄帝与蚩尤的战争刚开始时，黄帝部族总是吃败仗。为了振奋军威，黄帝决定制作一种会发声的“鼓”来鼓舞士气。他打听到东海中有一座流波山，山上住着一头怪兽，叫“夔”，它吼叫的声音就像打雷一样。黄帝派人把夔捉来，把它的皮剥下来做鼓面，又派人将雷泽中的雷兽捉来，从它身上抽出一根最大的骨头当鼓槌。这夔皮鼓一敲，便能震响五百里。（《山海经》）正是这夔皮鼓的作用，使得黄帝部族军威大振，最终战胜了蚩尤率领的九黎族，并杀掉了蚩尤。从此以后，凡是打仗，都少不了敲击战鼓。“鼓”字甲骨文、金文分别写作、，象手持鼓槌击鼓之形。左边像鼓的部件包括三个部分，中间像鼓面，上面是鼓的饰物，下面是鼓架。其中像鼓面的部分金文写得很圆、很象形，但甲骨文有时却写成了四方形。那么，是不是说金文时代的鼓面是圆的，而甲骨文时代的鼓面是方的呢？答案是否定的。甲骨文是用刀刻在龟甲或兽骨上的，龟甲兽骨十分坚硬，刻写的难度可想而知，特别是遇到圆形的东西，实在无法刻圆，只好刻成方形或多边形，就连甲骨文的太阳，也常被刻成四边形或者五边形的了。

图1．甲骨文、金文中的“鼓”

“鼓”在战斗中除了用以发出进攻指令外，还有一个主要的作用是鼓舞、鼓励士气，士气激昂才能勇往直前，取得胜利。《左传·庄公十年》：“夫战，勇气也。一鼓作气，再而衰，三而竭。”意思是作战靠的是士兵的勇气。第一次击鼓能够振作士兵的勇气，第二次击鼓士兵的勇气会衰弱，第三次击鼓士兵的勇气就竭尽了。这里说的是著名的齐鲁长勺之战。当时齐强鲁弱，两军在长勺相遇，鲁军故意避开齐军的锋芒，齐军三次击鼓发动进攻，鲁军都按兵不动，使得齐军士气变得很低落。鲁国趁机进军，结果以弱胜强，把齐军打得大败。成语“一鼓作气”就来源于此，比喻人们要趁劲头大的时候鼓起干劲，一口气把工作做完。

与“鼓”相关的还有“彭”字。我们现在经常用“嘭嘭嘭”来形容击鼓时发出的响声。其实，“嘭”字是个后起形声字，本来只写作“彭”，因为表示响声的字常加“口”旁，所以后来“彭”字也加上“口”旁，变成了“嘭”。《说文》认为不加“口”的“彭”也是个形声字：“彭，鼓声也。从壴彡声。”但是，“彡”的声音与“彭”相去甚远，把“彡”说成是声符实在有些勉强。宋代徐铉校订《说文》时，也感觉到了这一点，但按照当时的规矩，他是不能反对许慎的，而只能想尽办法替许慎打圆场。于是，想来想去，他发现“形”字中也有部件“彡”，而“形”的读音与“彭”比较接近，所以他说：“当从‘形’省乃得声。”意思是说，“彭”中的“彡”是“形”字的省写，所谓“从壴彡声”可能是从“壴”、“形”声。这样的解释未免过于迂曲。考察“彭”字的甲骨文字形，写作、、等，是在“壴”（象鼓之形的部分）的周围加上小点，这些小点的数量并不只是三个，有时候还写作五个，甚至还分布在鼓的两侧，这说

明它们肯定不是“彡”字，更不是什么“形”省声，而是象征击鼓时所发出的激越的鼓声。在现代漫画中我们也可以看到，漫画家在画声音时，有时就采取这种手法。

古代战争，以杀敌的多少来计功。但如何计算杀敌的数量，却是一个难题。如果杀了一个敌人就把尸体背回来，那肯定是不现实的；如果把敌人的头颅割下来作为计数的依据，杀敌少了还可以，如果杀得多了，背着那么多人头又如何继续作战？后来古人想到一个巧妙的办法，规定杀了一个敌人，就把他的左耳朵割下来，以此来代表杀敌的数量。耳朵方便携带，又容易计数，不会对作战造成多大影响，所以这一方法在当时战争中被普遍使用。这种做法在古代文献中常用“聝”字表示。《说文》：“聝，军战断耳也。《春秋传》曰：‘以为俘聝。’从耳，或声。，聝或从首。”“聝”字的义符是“耳”，所谓“军战断耳”，就是在战争中将敌人的耳朵割下。此字甲骨文作，从戈从耳，正象以戈割耳形。甲骨文的是个会意字，后来以“或”代替了“戈”之后，此字便变成了形声字“聝”。按照《说文》的解释，“聝”字还可以写作“馘”，古代文献中也确实有“馘”的写法。如《左传·宣公二年》：“俘二百五十人，馘百人。”《左传·僖公二十二年》：“楚子使师缙示之俘馘。”均写作“馘”。汉代杜预注说：“俘，所得囚。馘，所截耳。”唐代孔颖达解释得更为明白：“俘者，生执囚之；馘者，杀其人、截取其左耳，欲以计功也。”可见，“馘”和“聝”的意义确实是一样的。

图2．甲骨文中的“取”

此外，还有一个字可以表示和“聝”相同的意思，即获取的“取”字。“取”字现在可以用来表示获取任何东西，但最初它也是专指割取左耳的，其甲骨文字形（见图2）非常形象地印证了这一点。商承祚先生说：“此字正像以手持割耳，义与馘同。”他认为“取”字构形所体现的意义正与“馘”字相同。从图2中所列的几个字形来看，前四个字形好像画的是取左耳，后四个字形好像是取右耳，这说明，最初杀敌以计功是割哪边的耳朵都可以的。但由于这样做很容易让人钻空子，如果杀了一个敌人把两个耳朵都割下来，岂不是冒领了战功！为了防止这种事情的发生，后来便明确规定，只有割取左耳才算数了。

（王立军　张翼飞）

汉字构形与古代兵器

中国古代的兵器种类繁多，那么，在造字时代，哪种兵器最具有代表性呢？关于这个问题，我们可以从“兵”字的构形中找到答案。“兵”甲骨文写作，左右两边的构件是两只手，中间的构件是“斤”，也就是斧头，整字是通过两只手捧着斧头的形象来表示兵器的。可见，斧头在造字时代是最具有代表性的兵器。前面我们谈到过，国王的“王”字取象于斧头，也可以作为这一问题的佐证。

《说文》：“斤，斫木器也。”“斤”的本义就是“斧头”，如《孟子》中的“斧斤以时入山林”，成语“运斤成风”，其中的“斤”用的都是本义。斧头的起源很早，在旧石器时代，斧头的使用已经相当普遍了。斧头分量较重，可以用来猎杀动物，分割肉类，砍伐树木，还可以用来制造别的生产工具。可以说，斧头是人类最为原始也最为重要的生产工具之一，在先民征服与改造自然的活动中发挥了巨大作用。因此，斧头也成了先民所崇拜的图腾之一。神话传说中，盘古开天辟地所使用的就是斧头，仰韶文化遗址中出土的一只缸上绘有鹳鱼石斧图，金文族徽中有斧形图案。在专门的兵器出现以前，先民们曾用部分生产工具当作兵器（这种形式一直流传到今天）。在石器时代，斧头的杀伤力在众多的生产工具中可谓首屈一指，自然而然地就成了兵器的代表。古人在造“兵”字时选用“斤”作为兵器的代表，正是石器时代文化信息的遗留。

“兵”字在小篆中写作，上面的构件已经发生了讹变，象形性降低，已经难以看出斧头的形状了。隶变后作，上部定形为“斤”，小篆中下面表示两只手的构件简化成了，上的一横又和“斤”粘连在一起变成了“丘”。“兵”的本义是兵器，引申为持兵器的人，也就是士兵。旧社会对兵痞常贬称为“丘八”，正是因为隶楷之后，“兵”字的构形理据变得模糊，人们根据楷书“兵”字的写法而做出的错误拆分。《太平御览》中记载了一个故事，说东晋时期，北方的少数民族政权前秦（皇帝为苻坚）有一个大将叫慕容垂，此人是军事天才，据说一生从未打过败仗。慕容垂有一次行军前梦见自己在赶路，走着走着没路了，突然看见路旁有孔子的坟墓，周围还围着八座坟，他醒后觉得很奇怪，就找占梦的人来解梦。占梦人说：“前方没有路，说明此路不通，孔子名丘，周围有八座坟，丘和八合起来是个‘兵’字，这条路一定有伏兵。”于是，慕容垂就改变了原定的行军路线，后来得知那条路上果然有伏兵。这个故事反映出那时人们已经将“兵”拆分为“丘八”了。

随着兵器的不断改进，用作兵器的斧头逐渐与用作生产工具的斧头分道扬镳，在斧的基础上又衍生出戉、戚、我等新兵器。这三种兵器的形制与斧大致相同，但各有特点。《说文解字注》：“戉，大斧也。”戉比斧略大，刃较圆，一般向两边张开，有时柄端还带有金属尖。《诗经》“干戈戚扬”，毛传说：“戚，斧也。”戚与戉相比，刃张开度小，略内敛；与斧相比，戚的边缘带有锯齿状槽沟，斧边缘平滑。“我”与斧相比，特点是刃部呈锯齿状。戉、戚、我三者都是长柄的斧类兵器。甲骨文中这三个字都是象形字，古人在造字时非常准确地抓住了三种兵器的典型特征，“戉”字突出了圆刃，“戚”字突出了带沟槽的边缘，“我”字突出了锯齿形的刃部，从而将三种形制相似的兵器区别开了。到了金文中，三个字中像柄的部分均已经类化成表意构件“戈”（戈是古代常见的兵器，我们已在前面的文章中介绍过，不再赘述），“戚”字更是加上了声符“尗”（戚、尗古音相近），成了一个形声字，“戉”和“我”的象形性也有所减弱。后来，“戉”表示斧钺时添加了表意构件“金”，分化出“鉞”字；“戚”的常用义已不再是武器名，而是被借去表示“亲戚”的意义；“我”的武器义则完全消失，被假借为第一人称代词了。

图1．“戉”“戚”“我”的古文字字形

古代斧钺既是兵器，也是用来执行斩首之刑的主要刑具，金文中有个族徽，象执钺刑人之形。《史记·周本纪》记载，武王攻克商王王宫后，用黄钺斩了纣王的头颅，悬于太白旗上。因此斧钺又是主掌生杀大权的象征，常被帝王用作典礼和出行时的仪仗，是威严和国家统治权的象征。“王”字甲骨文作，也取象于斧钺，像一把平置的斧形。《司马法》中记载说，夏朝时执黑色的钺为仪仗，商朝用白色的戚为仪仗，周朝用黄金装饰的黄色钺为仪仗。河南安阳殷墟发现的妇好墓中，出土了两件大型青铜钺。妇好是商王武丁的妻子，她是中国有文字记载的第一位巾帼英雄，曾多次率兵出征，这两件大钺正是她权威的象征。

矛和斧一样，也是较为原始的兵器。矛是一种用于直刺和扎挑的兵器，原始社会时期，人类就用兽骨、竹片、尖形石块刺杀动物，后来加上柄，这大概就是矛的前身。“矛”在金文中作，作为构件参构别的字时也作，是一个象形字，像矛头与矛柄，中间的环是用来挂饰物的。矛上挂的饰物不仅有装饰作用，还有重要的实用价值。刺击时晃动的饰物可以干扰敌人视线；刺中敌人后，血会顺着矛尖流出，饰物可以防止血沿着矛柄流到抓握的位置。战国文字中作，字形中缠绕的条纹，突出地表现了矛身上的饰物。湖北包山二号楚墓中出土了三件刺矛，矛柄上依次缚扎着三束羽毛，每一束都环绕矛柄。《诗经》中有“二矛重英”的说法，“英”就是饰物，这句诗大意是说两支矛的柄上都有重叠的饰物。这些都能与战国文字形体相印证。《说文》中还收了一个古文作，是在的基础上又添加了表意构件“戈”。矛的柄很长，出土实物中最长的有四米多，可见小说中常说的“丈八蛇矛”并非太夸张。

两军对阵，还常用到远程型武器。远程型武器中弓和矢配合使用，“弓”“矢”甲骨文分别作、，均为象形字。射箭的“射”字甲骨文作，象箭在弦上之形。除此之外，炮也是一种重要的远程型攻击武器。象棋走法口诀中说“车走直路炮翻山”，正是对炮攻击特点的形象描述。象棋中红黑两方之炮一作“炮”，一作“砲”，二者原本是有很大区别的。“砲”字义符为“石”，肯定与石有关。《集韵》：“砲，机石也。”“机石”就是一种发射石块的装置，也叫作“抛石机”或“投石机”，炮弹就是石块，借助杠杆的力量把石块抛到敌人的阵地，

达到伤敌的目的，或用来攻城。相传战国时期范蠡著有一部《范蠡兵法》，汉代贾逵曾引用其中的文字：“为机发行二百步，飞石重十二斤。”这是以机发石的较早记录，“砲”大概就来源于此。《说文》“旝”字下说：“建大木，置石其上，发其机以追敌。”虽然《说文》中这段话不是解释“砲”的，但据此可以肯定的是，发石装置的出现不会晚于汉代。“炮”字义符为“火”，我们在前文提到过，其本义是一种烹调的方法。火药发明以后，逐渐被应用到军事方面，大约南宋时期出现了火炮。《宋史·兵志》说：“又造突火枪，以钜竹为筒，内安子窠，如烧放，焰绝然后子窠发出如炮，声远闻百五十余步。”这种“突火枪”的功能和抛石机相似，但我们可以看出它已经使用了火药，不再单纯用杠杆原理发射炮弹了。“炮”字从“火”，于是又成了记录“火炮”一词的本字，与表示烹调方法的“炮”同字异词。古代的火炮也多发射石弹，所以用“砲”字来记录“火炮”依然有理据，但现代武器中炮弹均已为金属所制，此时再用“砲”字来记录，就没有理据可言了，因此“砲”也就彻底被“炮”字所取代。从“砲”到“炮”的转变，正反映了社会生产力的发展对文字的影响。

前面所述的都是攻击型武器，战场上厮杀，自然要有攻有守，所以防御型武器盾的地位也非常重要。金文中“盾”作，象人持盾之形。其中构件就是盾，盾体呈长圆形或长方形，里面的几笔表示盾牌上所绘的花纹。金文族徽中有个符号，象一人一手执戈一手执盾之形，其中的盾形正与形相似。古

代将士作战时，通常左手持盾以掩蔽身体，防止敌人攻击型武器的杀伤，右手持戈击杀敌人，攻击性武器和防御性武器相互配合，才能达到既保全自身、又杀敌制胜的目的。

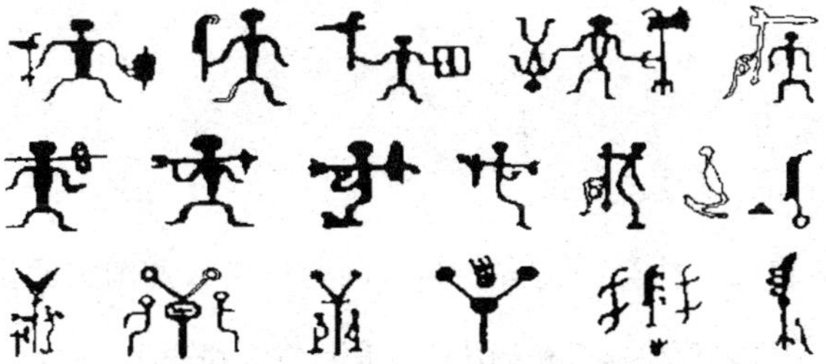

图2. 金文中与兵器有关的图形文字

战争直接促进了兵器的发展，兵器的发展也不断加剧战争所带来的伤害。兵器从一开始就是因战争而产生的，所以《老子》中说："兵者，不祥之器，非君子之器，不得已而用之。"在老子看来，除非万不得已，就不要用兵动武。古人将"武"解释为"止戈为武"，就是要表达"能够止战才是真正的用武之道"的思想观念。尽管从文字学的角度看，对"武"字的这种解说无疑是错误的，但它却代表着一种高境界的战争哲学，反映了人们渴望和平、追求和平的美好愿望。

（王立军 温英明）

汉字构形与古代法律刑罚

随着氏族社会的瓦解、私有制的形成以及国家的出现，“法”也随之产生。最初的法律只是自然法和宗法，后来逐渐形成体制完备的成文法规。在西周青铜器铭文中，就已经有关于田地、官制、财产等内容的法律规定。据记载，中国最早的成文法典，是距今有四千多年历史的夏王朝制定的《禹刑》。其后商朝和周朝，又分别制定了《汤刑》和《九刑》。这些成文法典，虽然由于年代久远，其具体内容已无从考证，但夏、商、周三代因为这些成文法典而促进了当时社会经济的发展和社会秩序的稳定，却是不争的事实。

法律在今天的人看来，是无比庄严神圣的，但在其产生之初，却带有明显的神灵崇拜色彩，带有明显的“神判法”的蒙昧性。相传春秋战国时期，齐庄公有个叫壬里国的臣子，与另一位叫中里缴的臣子打了三年官司。因为案情难以判断，齐庄公就让“廌”，即神兽獬豸，来听他们二人自读诉状。结果壬里国的诉状读完，獬豸没有什么表示，而中里缴的诉状还没读到一半，獬豸就用角顶翻了他。于是，齐庄公判决壬里国胜诉。这种以角触断罪的做法，被古人用“会意”的方式体现在了“法”字的构形之中。

“法”的繁体字作“灋”，这样的字形结构与金文的写法基本一致。金文字形的左上角是“去”，左下角是“水”，右边就是上面所说的神兽“廌”的象形。“法”字从水，其寓意比较好理解，即代表人们希望执法像水一样公平。而从廌、从去正是上述角触断罪法的反映。《说文》：“法，刑也。平之如水，从水；廌，所以触不直者去之，从去。”这里所说的廌是一种传说中的独角神兽，又名獬廌、獬豸。《论衡·是应》说：“獬豸者，一角之羊也，性知有罪。皋陶治狱，其罪疑者，令羊触之，有罪则触，无罪则不触。”皋陶相传为司刑狱之官，历任尧、舜、禹三代法官。传说皋陶审理案件时，对于疑而难决者，就令獬豸触之，因为据说獬豸能辨是非曲直。以廌断案在古代文献中多有记载，因此古时又称之为“任法兽”，甚至把执法者所戴的冠做成廌角状，叫作“獬廌冠”。这种带有“神判”性质的判决方式在今天看来很可笑，但正如古人相信龟甲占卜能预测吉凶一样，它是当时社会崇拜神灵的真实反映。

“律”字《说文》解释为：“均布也。从彳，聿声。”可见，“律”是个形声字。此字之所以用“彳”作形旁，是因为“彳”为“小步也”，古时用脚步丈量土地，所以步就可以充当长度单位，如《说文》“亩”字下云：“六尺为步。”“律”字从“彳”，取其作为长度标准的固定不变、规范、准绳之义。段玉裁认为：“律者，所以范天下之不一而归于一，故曰均布也。”就是说，“律”是用来规范天下万物的，使天下万物达到一个统一而均布的状态。我们知道，古人把审定音高标准的定音器也称为“律”，即“音律”，正是由于其功能在于“范天下之不一而归于一”，用以规范音调使之均布和谐。以廌断案是因为古人相信廌能秉公执法，所以“法”字从廌与从水一样，都表现了人们认为法律应该公正公平的思想。“法”作为惩罚的措施或依据，要求“平之如水”，最终必然以规则的形式来体现，因而“规则”也就成为“法”的引申义。“法”和“律”都有“规则”“规范”义，所以后来就连用在一起组成双音词“法律”。

除了“法律”二字外，还有一些汉字非常形象地反映了逮捕、监禁、审讯、判决、行刑等具体的司法程序。

逮捕犯人古代叫作“执”，甲骨文作，右边是一个跪着的人，伸着的双手套在一个器械上。这个器械就是甲骨文的（后写作“㚔”），也就是手铐的最初形式。的使用方法是将人的两腕纳于械中，然后相合，再用绳缚其两端。这种刑具后来又用“梏”来表示。郑玄《周礼注》曰：“木在足曰桎，在手曰梏。”套在脚上的叫“桎”，套在手上的叫“梏”，两字皆从木，表明是以木为材料制成；后代以铜铁等金属材料制成，则称

为“铐”。殷墟出土的陶俑有两腕加梏者，其梏正像此字形。女俑是双手戴械在胸前，男俑则是在背后。所以的构意就是桎梏套在人的手上，表示拘捕。拘捕罪犯的首要程序是给其戴上手铐，这个字形是拘捕犯人的生动写照。

“执”繁体字作“執”，从幸、从丸。有人会有疑问：既然“执”的本义是抓罪犯，字形里怎么会有幸福的“幸”呢？其实，这里的“幸”不是幸福的“幸”，而是表示的“㚔”在隶变之后与幸福之“幸”混同了；“丸”则是甲骨文中右边跪着的那个人的变形。由此可见，如果发现楷书字形里面有部件“幸”，那可不一定是好字眼。

古代抓捕罪犯也要经过侦察，这在“睪”的构形中有所反映。《说文·幸部》：“睪，目视也。从横目，从幸。令吏将目捕罪人也。”睪从目从幸，“幸”表示逮捕人，“目”表示以耳目搜寻。桂馥《说文解字义证》说：“凡吏出捕，辄将两人：一通信息，谓之线；一能识认，谓之眼。”是说吏人出去抓捕犯人，要带上两个人，一人传递信息，叫作“线”；一人能识认罪犯，叫作“眼”。现在公安机关将提供线索之人仍称为“眼线”或“线人”。

罪犯要经过审讯才能定罪，“讯”字甲骨文写作，金文作，右边是（糸），表示绳子，中间是跪着的人形，左边是“口”字。金文中的人不但手被绳索捆绑，而且两足也有绳索捆

缚。从“口”表示与说话有关，因为审讯必然要说话。整个字合起来就是一个很形象的审讯场面。审讯完成之后的判决古时叫作“报”，“报”繁体字作“報”，左边的“幸”是手铐，右边是古“𠬝”字。“𠬝”是“服”的本字，甲骨文作，象用手按着人的头使之跪跽之形，表示使之服罪。《说文·幸部》：“報，当罪人也。”“当”就是判决。判决意在使犯人服罪，因此“报”的本义就是判决以使犯人服罪。在没有测谎仪的古代，只听犯罪之人的片面之词来定罪，难免被蒙蔽，因此西周法律规定法官以“五听”来断狱，即“以五声听狱讼：一曰辞听（观其出言，不直则烦）；二曰色听（观其颜色，不直则赧）；三曰气听（观其气息，不直则喘）；四曰耳听（观其听聆，不直则惑）；五曰目听（观其眸子视，不直则眊然）。”他们认为犯了罪的人一定是答非所问、心神不定、面红耳赤、结结巴巴、双目无光，这是古人在法律上的心理学运用，在今天看来，也是有一定的科学性的。

罪犯逮捕归案后监禁起来，叫作“囚”，《说文·囗部》曰：“囚，系也。从人在囗中。”囗是“围”的古文，表示四周封闭的环境。“囚”甲骨文写作，古今字形一致，都形象地表示把人囚禁起来。被关押的囚犯，往往还要戴上刑具。甲骨文中有一字写作，“囗”里面有一人双膝跪地，且手戴木枷，表示罪犯被关押在监牢中，这就是后来的“圉”字。“圉”又叫“囹圄”，是用来囚禁罪人的地方，即监狱。

"圉"也可写作，省略人形，只画一个手铐代表罪犯。《汉书·王褒传》："昔周公躬吐捉之劳，故有圉空之隆。""圉空"是说由于教化流行，人民很少犯罪入狱，致使监狱都空着。

在押的犯人，经常是要受刑的。甲骨文中有一组形体、或，皆像刀斧类器具，是古时行刑的工具，即今之辛苦的"辛"字。郭沫若《甲骨文字研究·释干支》认为，辛象古代剞劂之形，剞劂就是曲刀，是施黥刑的刑具。凡从辛之字皆与犯罪、治罪有关。如"辠"字，《说文》释为："犯法也。从辛自。"是"罪"的本字，后来秦始皇因为"辠"字与"皇"字形似，把"辠"改为"罪"。"罪"字从网非声，本义是捕鱼的竹网，与犯法本来毫不相干，后来借义通行，本义反倒消失了。又如"民"字，在甲骨文中作，小篆写作，像是一只眼睛，被刺入钉刺之类的东西，这是对俘虏进行惩罚的一种方式。再如"童"和"妾"字，皆从"辛"，也与犯罪有关。《说文》"童"下曰："男有辠曰奴，奴曰童，女曰妾。从辛重省声。"辛、辛实为一字。古人犯罪，若罪不及死则被收为官奴，男奴叫"童"，女奴叫"妾"。可见，"民""妾""童"都是对一类人的专称，他们因罪遭受处罚，并且身份也随之发生变化，成为后来广大奴隶阶层的主要成员。

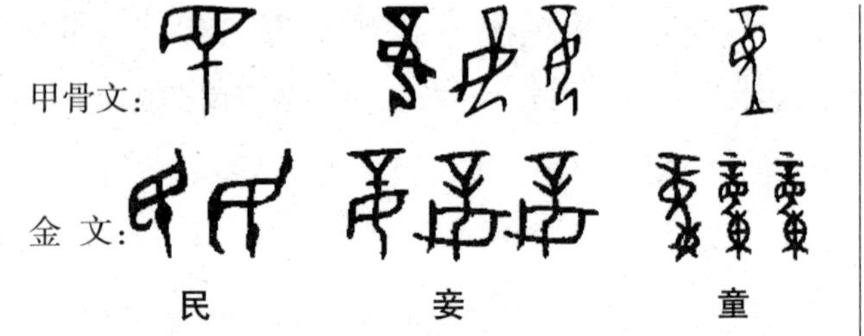

图1. 甲骨文、金文中的“民”“妾”“童”

古代的刑罚种类很多，但大体上可以分成五种，俗称“五刑”。关于“五刑”，各个时代的名称并不相同，而内容却基本一致，主要是指：墨、劓、刖、宫、大辟。

墨刑，也叫黥刑，《说文·黑部》：“黥，墨刑在面也。䵳，黥或从刀。”“黥”有一个从黑从刀的异体字“䵳”，刀表示施刑工具，黑表示填以黑墨。墨刑就是在犯罪人的脸上或额上刻字，然后涂上黑墨，墨干之后便留下黑色的印记，再也擦洗不掉。秦末农民起义英雄之一的英布，曾被秦始皇处以黥刑，因此《史记》中称他为“黥布”，他的传记就叫《黥布列传》。后来施刑的工具由刀改为针，用针在脸上刺字，如《水浒传》中写到林冲被“刺配沧州”，就是用针刺来施黥刑。相比其他酷刑来说，黥刑施刑时所带来的肉体伤痛并不算太重，其主要作用是区别罪犯与常人，让受刑者永远带着罪人的印记，以突出对罪犯的羞辱。

与墨刑类似的耻辱性刑罚，还有“髡”“耐”。《说文》：“髡，剃髮也，从髟兀声。”凡是从“髟”的字其义均与毛发有关。“髡”字上部是头发，下部是人形。《说文》：“耐，罪不至髡也。从而从彡，或从寸，诸法度字从寸。”段玉裁注：“耐之罪轻于髡。髡者剔发也。不剔其发，仅去须鬓，是曰耐。”“耐”的刑罚要比“髡”轻一些。“髡”要将犯人头发都剃光，“耐”则只剃去鬓毛与胡须。剃光须发之所以是一种刑罚，与古代人们的文化传统有关。古人认为，身体肤发，受之父母，理当珍视，不能毁损，这是孝的要求。《释名》：“髭，姿也。为姿容之美也”；又“须，秀也。物成乃秀，人成而须生也”。可见古人将毛发视为神圣不可侵犯的秀美之物，并且将其与孝道相联系，因此“髡”与“耐”就成了带有羞辱性的刑罚。

“劓”，甲骨文作或，其中是“自”字，即“鼻”之本字，像鼻子的形状；是刀的初文，刀的位置可以在左边，也可以在右边。整个字从刀从自会意，是一种用刀割掉鼻子的刑罚。没有鼻子，虽然不至于危及生命，但却被完全毁容了，和墨刑一样，一辈子都要承受莫大的羞辱，对人格是很大的摧残。周代，受过劓刑的人常常被派去守关，因为他们被割鼻之后，异于常人，面貌丑陋，不宜在人口密集的地方生活，不堪忍受众人的歧视，于是甘心到偏僻寂静的边关。

“刖”是一种砍掉或锯断人的脚或腿的酷刑。其字甲骨文作、等形，正记录了古代以刀锯断人脚的刖刑场面，左边的人或者只有一只脚，或者一只脚也没有，表示脚已经被锯掉了。在考古发掘中，不断发现有被施了刖刑的人骸。在殷墟后岗一座小

型墓葬中，发现一具殉葬人的骸骨，骨架保存完好，只是少了一条下肢骨，应当是生前受过刖刑。著名的和氏璧的故事，也与刖刑有关。故事中的那位楚国人，为了献一块玉石，竟然受了两次刖刑，失去了双脚。刖刑又称膑刑，《孙子兵法》的作者原名孙伯灵，就是因为受了膑刑，才被称作孙膑。司马迁《报任安书》中提到的“孙子膑脚”和“孙子断足”，指的就是这种刑罚。

图2. 甲骨文中的“刖”

在下面这片甲骨中，很难得地同时保留了“墨”“劓”“刖”三个字，证实了这几种刑罚在商代都已经存在了。

图3. 同一片甲骨上的“墨”“劓”“刖”

“五刑”中最惨无人道的莫过于宫刑，又称“劅刑”，指割掉男性生殖器，或幽闭女性生殖器官。“劅”字或作“斀”，

《说文》：“斀，去阴之刑也。从攴蜀声。”“劅”字甲骨文作，象割男子生殖器之形。这种刑罚，除了造成身体上的残疾，更严重的是对心灵的摧残。《史记》的作者司马迁就曾因直言触怒汉武帝而遭受宫刑，他忍受着常人所难以忍受的痛苦，悲愤著书，最终完成了历史巨著《史记》。

“五刑”中最后一类是“大辟”，即死刑。我国古代的死刑分为很多种，如杀、斩、剐等。其中“斩”最初并不是斩首或者腰斩。《说文》：“斩，截也，从车斤。斩法车裂也。”可见，“斩”最初指的是车裂之法。其做法据说是将人的头与四肢分别拴在不同的马车上，然后五车朝不同的方向行进，将人活活撕裂，也就是俗话所说的“五马分尸”。后来由于“斩”的词义侧重于“截”，“斩”作为刑罚才慢慢演变成斩首或腰斩。

在古代社会，所有这些严酷的刑罚，最主要的对象群体还是广大的被统治者，而那些统治者，则用“礼不下庶人，刑不上大夫”将自己保护起来。《尚书·舜典》上说“流宥五刑”，就是要用流放的刑罚来宽恕犯了五刑的士大夫们。至于《三国演义》中曹操割发代首的做法，则更是愚弄百姓、障人耳目的骗人把戏了。

（王立军　郝晓金　叶瑞优）

汉字构形与古代时间观念

时间是无始无终的，正如空间的无边无际一样，对于任何民族都是如此。但是，由于生活的地理位置和地理形势的差异，不同地区的人们对于时间的认识也各有特色。汉民族的时间观念更多地体现出温带地区农业社会的基本特征，这在一些记录时间概念的汉字形体中可以窥其一斑。

在古人关于时间段的概念中，最长的是“世”。《说文》：“世，三十年为一世。从卅而曳长之。”前面我们讲过，“卅”金文作，像三个绳结相连的样子，表示数目“三十”。“世”字金文作、，正像金文“卅”字的变形。可见，“世”字确实是从“卅”字变形而来，其意义也与“卅”直接相关。

作为时间段的“年”也是很早就出现了。“年”的概念最初源于庄稼成熟。其字形甲骨文作，上部象禾苗之形，下部象人弯腰背负之形，用人背负禾苗来表示庄稼成熟而进行收获之意，又由庄稼一年一熟而引申为时间单位。到金文时字形稍有变

异，人与禾苗连接在一起，成为形。篆书又在人形上增加装饰性笔画，遂变为形。“年”字的构形突出反映了汉民族时间观念与农业生产的密切关系。北京著名的古建筑“祈年殿”就是古代用于祈求风调雨顺、五谷丰登的祭祀场所。

与“年”表示相同时间段的还有“岁”，这是根据天象纪年，称为岁星纪年法。岁星即太阳系八大行星中的木星，根据木星在天体中运行的规律来纪年的方法即为岁星纪年法。古人以地球为观测点，观测到木星每年都要行经一个特定的区域，绕天一周需要十二年。于是将木星绕天的区域分为十二个星次，依次命名为星纪、玄枵、娵訾、降娄、大梁、实沈、鹑首、鹑火、鹑尾、寿星、大火、析木，木星每运行至一个区域，这一年便记为“岁在××”，十二年为一周期。由于木星具有纪年的功能，便将木星命名为“岁星”。“岁”的繁体作“歲”，甲骨文作，于省吾等人认为此即为斧钺之“戉”字，其中的两点或曰像斧钺上用于挂置的两个孔眼，或曰是斧钺上的文饰（《双剑誃殷契骈枝续编》）。“歲”甲骨文又作，左为戉形，右侧为两个“止”字，其构意各家说法不一。这种写法在西周金文中成为主流，且布局更为整齐化，作、等。郭沫若《金文丛考》认为：“左右二圆点之象形文，变为左右二止形之会意字，而歲字以成。是故歲本戉之异文，其用为木星之名者，乃第二段之演进。”后来又由木星之名引申指一年的时间。到篆文时由于“戉”“戌”形体相近，而“岁”的古音也与“戌”相近，在形声化趋势的影响下，“岁”字便以“戌”代替了“戉”，写作，成为“从步，戌声”的形声字。岁星纪年法在文献中有很多记载，如，《左传·襄公二十八年》有“岁在星纪”，《襄公三十年》有“岁在降娄”，都是以岁星纪年的例子。

一年又分为春夏秋冬四季。叶玉森《殷墟书契前编集释》等将甲骨文的释为“春”字，其字与“木”字形近，上部弯曲延展状表示树枝在春天抽条生长。其字或者在下面加，作。其中的即“日”，是形旁，突出表示春天跟太阳的关系。古《孝经》中“春”字都写为，与甲骨文形体相近。金文中树的形状发生变化，枝条延展张扬之形简作一条横线。为了突出植物生长的含义，在甲骨文的形体之上又增加一个形旁“艸”，作。小篆承接金文形体，上从艸，下从日，只是中间原来的枝条延展之形被拉长，变为“屯”形，作。《说文》将“春”训释为“推也”，即在春和日暖的时候万物都开始生长，也切合了“春”字在甲骨文中的造字意图。

“夏”字甲骨文作、，像蝉的形状。叶玉森《殷墟书契前编集释》认为，甲骨文卜辞中的蝉形被假借来表示夏天义，因为蝉是代表夏天到来的一种昆虫，听到蝉声便知道夏天已经到来。金文的“夏”字由蝉形演化为人形，作。蝉的头部及触角演化成为形，躯干部分由人形替代，蝉的四肢亦变作人的四肢。小篆整齐化作，成为头、身、手、足俱全的人形。《说文》将“夏”字解释为“中国之人也”，这是因为夏朝时夷狄开始入侵中原，为了与外族人相区别，从那时起将中原人称为夏人。《尚书·尧典》有“蛮夷猾夏”，其中的“夏”即指中原汉人。

和“夏”字类似，“秋”字甲骨文也为昆虫形，作，郭沫若等人认为是一只振翅鸣叫的蟋蟀形（《殷契萃编考释》）。由蟋蟀在秋天到来时鸣叫借以表示秋天。《诗经·豳风·七月》中有“七月在野，八月在宇，九月在户，十月蟋蟀入我床下”，就是用蟋蟀的活动范围来表示时节变化。所以，甲骨文以蟋蟀的出现作为秋天到来的标志。后来，由于秋天庄稼收获后经常要焚烧，所以“秋”字便加上了部件“火”。到籀文时形体发生讹变，作。蟋蟀形讹为龟形，并另加义符“禾”，突出禾谷成熟之义，也兼读𪚺（jiāo）声。小篆又省去龟形，作。“秋”在文献中常用作庄稼成熟之义，如《尚书·盘庚》中有“若农服田力穑，乃亦有秋”，这进一步体现了汉民族的时间观念和农业的关系。

“冬”字甲骨文形体作、，戴家祥等认为此是“终”的本字，像丝线终端有绳结的样子（《金文大字典》），后引申而有冬季之意。金文将字形线条化，又在中间加了“日”形，作，从而突出其与太阳的关系。小篆又将义符由“日”换为“仌”，用结冰来作为冬天的象征。

古人对于时间的划分是十分细致的，不仅一年分为四季，在一月之内也确定了特定的时间点，如“朔”“晦”“望”等。

每月的第一天叫“朔”，这一天月球运行至地球和太阳之间，地球上见不到月光。“朔”字小篆作，从月，从屰。屰的甲骨文形体为，是一个倒立的人形。由倒立的人形和月结合起来，表示月相圆缺变化而带来的时间上的回环。我国古代把每月的第一日称为“朔日”，即初一，所以《说文》以“月一日始苏”解释“朔”字。古人很重视朔日，因为如果朔的日子定错，时序就会大乱。天子告朔于诸侯，诸侯告朔于庙。史官记事，遇事发生在朔日，也必须写明。如《尚书·尧典》有“十月一日朔巡守”。连古代封建王朝的改朝换代都称为“易正朔”，可见朔日在古人时间观念中的重要性。

每月的最后一天叫“晦”，这天月球运行到地球和太阳之间，在地球上见不到月光。“晦”字甲骨文同“每”，作。睡虎地秦简另加形旁“日”，作。《说文》对“晦”的解释是“月尽也”。那么，为什么表示“月尽”的字要加形旁“日”呢？其实，“晦”字原本表示的是“昼尽”，即日光昏暗不明。《尔雅·释言》：“晦，冥也。”《国语·鲁语》有“自庶人以下，明而动，晦而休”，《诗经·郑风·风雨》有“风雨如晦，鸡鸣不已”，其中的“晦”字都是日光昏暗的意思。由“昼尽”进而引申为一月的末尾，如《左传·成公十六年》：“陈不违晦。”杜预注：“晦，月终，阴之尽。”

农历大月十六、小月十五叫“望”。这天是月亮最圆最美的时候，人们常常举首赏月。“望”字甲骨文作（见图1），

下面的一横表示地面，中间为人形，合起来表示人登高之义，上部以夸张的方式突出人的眼睛，表示登高举目远望之义。金文另加“月”，作，突出望月之义。小篆承接金文并整齐化，作。小篆“望”的隶定字作“朢”，《说文》：“朢，月满与日相朢，以朝君也。从月，从臣，从壬。壬，朝廷也。”大意是说“朢”的构意是日月相望，如同臣朝君于廷。这种解释明显与“朢”的早期构形不符。问题的关键在于许慎对“朢”中的部件“臣”和“壬”理解有误。其中的“臣”是眼睛的变形，而不是表示大臣；“壬”是“挺立”之义，而不表示“朝廷”。随着“朢”字形体的逐渐演变，其构形理据逐渐变得模糊。后来，“朢”中的部件“臣”换成了声符“亡”，写作“望”，这样“望”字便由原来的会意字变成了形声字。

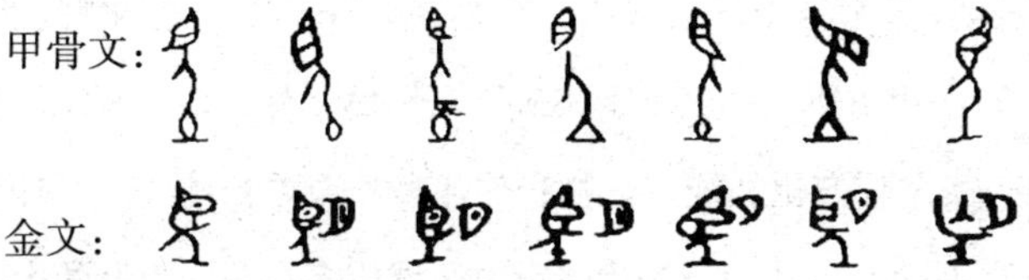

图1. 甲骨文、金文中的“望”

除了对年、月的内部划分外，古人还根据天色把一昼夜分为若干时段。一般将日出时叫旦、朝。“旦”字甲骨文作，上像日，下像地面，表示太阳从地面升起之义。金文将下部分填实，作；也有两部分相分离者，如，这与后来的“旦”字

的结构已经十分接近。“朝”字甲骨文作、，表示日月同在草中，用日出林中而月未落表示早晨之义。

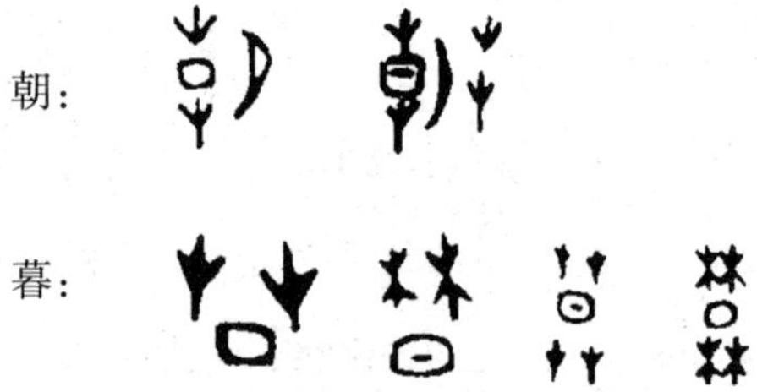

图2.甲骨文中的“朝”和“暮”

日落时叫昏、暮。“昏”字甲骨文作，上为氏，下为日。“氏”字甲骨文作、，象根柢之形，姓氏之义即从根柢义引申而来。“昏”字以氏和日合起来表示日低下沉之义。“暮”的本字是“莫”，甲骨文作，四木表示树林，用日和四木合起来表示日落于林中，会合出天色已晚之义。由于古文艸、茻、林、森通用，所以“莫”字又从艸，作；从茻，作；从林，作。篆文整齐化，统一从茻，作。《说文》：“莫，日且冥也。”有研究者认为，古代造字之区域应多在黄河流域的大平原上，因为先民在平原上见太阳从东方草丛中升起，又落于西方草丛之内，所以造了从茻的“莫”字（田倩君《释莫》）。这进一步说明，汉民族的时间观念，确实和先民生活的地理环境有着密切的关系。后来，“莫”字被借用于表示无定代词等，其本义“日且冥”则另加形旁“日”作“暮”。

古人在日常生活中，逐渐形成了一套完整的时间体系的概念，不但十分严密，而且充满着哲学的思辨。庄子《逍遥游》就这样写道："小知不及大知，小年不及大年。奚以知其然也？朝菌不知晦朔，蟪蛄不知春秋，此小年也。楚之南有冥灵者，以五百岁为春，五百岁为秋；上古有大椿者，以八千岁为春，八千岁为秋。此大年也。"意思是说，小的智慧比不上大的智慧，短的寿命比不上长的寿命。怎么知道是这样的呢？朝生暮死的小虫不知道黑夜与黎明；春生夏死、夏生秋死的寒蝉，不知道一年的时光，这就是短的寿命。楚国的南方有一种大树叫作冥灵，它把五百年当作一个春季，五百年当作一个秋季；上古时代有一种树叫作大椿，它把八千年当作一个春季，八千年当作一个秋季，这就是长的寿命。庄子如此驰骋想象，其中所蕴涵的哲理发人深思。

（张靓 王立军）

后　　记

随着中国传统文化的回归，汉字文化也越来越受到人们的重视。人们充分认识到了汉字的文化学价值，认识到了汉字的人文性以及隐藏在汉字背后的丰富的文化内涵，并有意识地将汉字当作文化研究的重要工具。这些研究打破了传统只把汉字看成记录语言的符号的观念，不仅拓宽了汉字研究的领域，而且为古代文化研究提供了新的方法，因而具有十分重要的社会文化意义。

汉字的悠久历史与其跨时代性的特点，使它具有了很大的文化考古价值，成为研究历史文化及其变迁的重要依据。汉字与文化的这种密切联系，使得二者之间具有特殊的互证关系。人们既可以从汉字的角度去解读文化，挖掘汉字的起源、演变及其构形等各种规律中所包含的整体文化特质和具体文化信息；又可以从文化的角度去解读汉字，探讨其他文化项对汉字自身发展规律的影响。汉字自古至今一直顽强地坚持自己独特的表意性，始终没有割断同文化的联系，这使得汉字文化的研究对各个历史阶段都有一定的适用性。因此，对汉字进行文化解读不仅在理论上具有合理性，而且在实践上具有可行性。

汉字的文化解读是一项科学性很强的工作，既需要有坚实的汉字学功底，又需要有较高的文化学修养，两个方面缺一不可。对汉字进行文化解读，一定要用科学的理论来指导，用谨慎的态度去操作，准确把握汉字文化功能的量度，合理分析汉字的构形，避免出于赶时髦心理的随意滥用、牵强附会。只有这样，才能真正发挥汉字文化功能的作用。

为了帮助人们正确认识汉字的文化观念，纠正社会上乱讲汉字的不良风气，从2007年起，我应《中国教师》杂志社之约，在该刊物上开辟了“字里乾坤”专栏，按照设计好的总体框架，分专题系统介绍汉字构形中所蕴涵的古代文化知识。在专栏的后期写作过程中，为了提高研究生的动手能力，我先后让我的硕士生和博士生参与部分章节的写作（详见各篇末尾署名）。大家集思广益，提高了内容的科学性和可读性。对于一些有争议的问题，我们反复讨论，择善而从。遇到难以抉择的观点，则并列其说。在3年多的时间里，共发表了30多篇专题文章，受到了广大读者的欢迎。

商务印书馆的周洪波先生了解此事后，鼓励我们将专栏文章结集出版。我们按照出版的要求，对全部稿件进行了认真修改，对个别章节进行了合并与调整，从而使全书更具有内在的逻辑性和系统性。全书分为“总论篇”和“分论篇”两部分。“总论篇”包括5个专题，分别从汉字构形、汉字阐释、汉字起源、汉字发展、汉字规范等方面，对汉字和文化的关系进行宏观阐释。“分论篇”共包括27个专题，分别从天文、地理、神灵、崇祖观念、占卜、祭祀、家庭、婚姻、子女养育、丧葬、田猎、农耕、陶冶、纺织、建筑、货币、饮食、水、火、玉、酒、音乐、车马、战争、兵器、法律刑罚、时间观念等方面，对汉字构形所反映的古代社会文化进行微观解读。这样，通过宏观阐释和微观解读的结合，试图让读者对汉字的文化内涵有一个较为系统的了解。

出于杂志受众特点的要求，稿件的内容兼顾学术性和普及性，既要有一定的学术含量，又要切实做到通俗易懂。文中配有汉字构形图示，以帮助读者更形象地感受汉字构形的独特魅力。相信该书的出版，会对汉字文化的正确解读和推广普及发挥积极的作用。

感谢商务印书馆周洪波先生的热情鼓励，也感谢《中国教师》杂志社为弘扬中国传统文化所做的不懈努力。书中还引用了不少前辈时贤的观点，在此一并致谢。

王立军于京师园

2011年12月